Colección
Agua Viva

Carlo Acutis
Giorgio Maria Carbone

¿Originales o fotocopias?

**"Todos nacemos como originales
pero muchos de nosotros mueren como
fotocopias"**

EDIBESA

¿ORIGINALES O FOTOCOPIAS?
"Todos nacemos como originales, pero muchos de nosotros mueren como fotocopias"

© Carlo Acutis
    Giorgio Maria Carbone

Traducción: Javier Delgado Martínez

© SAN ESTEBAN EDITORIAL –EDIBESA 2025

© EDIBESA 2025
Sede social y ediciones
Plaza de Concilio de Trento, s/n. 37001 Salamanca
Telf.: 923 26 47 81

Administración y comercialización
C/ Juan de Urbieta, 51 28007 Madrid
Telf.: 913 45 19 92
Email: info@edibesa.com

ISBN: 978–84–19640–65–9
Depósito legal: M–2145–2025

Diseño de cubierta: Helvética edición y diseño

Diseño y maquetación: Susana Folgado Hernández

Impresión: Kadmos

IMPRESO EN ESPAÑA –PRINTED IN SPAIN

Una traducción del título: *Originali o fotocopie?*
© 2024, Edizioni Studio Domenicano, via dell'Osservanza 72, 40136 Bologna, Italia, www.edizionistudiodomenicano.it

Índice

Introducción

Radiante como una Pascua. Así recuerdo personalmente a Carlo.

Nos conocimos después de un día ajetreado. Era la última hora de la tarde del 27 de mayo de 2006 en Oreno de Vimercate (Milán). Estamos invitados a la Fiesta de "Il Timone", un mensual católico que junto a la Fundación Fides et Ratio organizó una jornada con una importante conferencia presidida por Joseph Zen Ke–Kiun, arzobispo de Hong Kong, y una misa presidida por él mismo.

Yo estoy allí con algunos de mis hermanos: hemos montado un stand expositivo para hacer conocer los libros de Edizioni Studio Domenicano, en particular las obras de Santo Tomás y el *Piccolo Catechismo Eucaristico*.

A pocas decenas de metros de nuestro stand, Carlo y sus padres han instalado la muestra que ilustra los milagros eucarísticos y han acompañado a centenares de visitantes para explicarles sus numerosísimos milagros, de los que hay una documentación cierta, milagros que sucedieron en varias partes del mundo desde el siglo VIII hasta nuestros días, incluidos los acaecidos en Buenos Aires en 1992 y 1996, que entre otras cosas vio también el cardenal Bergoglio[1].

Algunos días antes había recibido una llamada de Antonia, la madre de Carlo. Habíamos quedado en la Fiesta de "Il Timone". Sabía, por tanto, que la encontraría. No imaginaba encontrarme también a su marido, Andrea, y a su hijo, Carlo. Doble sorpresa. Más bien triple, porque ignoraba que Carlo fuese el artífice de la muestra de los milagros eucarísticos y del volumen "*I miracoli eucaristici e le radici cristiane dell'Europa*"[2].

Al final de aquella tarde, después de una dura jornada hablando con centenares de personas, nos presentamos. Estamos todos agotados, pero muy contentos. Carlo tiene una sonrisa que rebosa satisfacción y alegría. Está reponiendo en las fundas los paneles fotográficos, como si fueran algo muy valioso. Tiene los ojos brillantes, casi llorando de emoción. A mí y a mis compañeros nos cuenta lo que ha hecho durante el día y sobre todo la alegría por haber podido hablar de la presencia real de Jesús en la Eucaristía.

Después de aquel día no volví a encontrarme con Carlo. Recuerdo como si fuese hoy la voz de Antonia que, al inicio del octubre siguiente, al teléfono, me decía que rezase por él, porque había sido ingresado de urgencia en el hospital

---

1   Después del 26 de Mayo de 2006 están documentados otros milagros eucarísticos: en Tixla, México en el 2006; en Sokolika, Polonia en 2008; y en Legnica, también en Polonia, en el 2013. Sobre todos estos milagros tan recientes remito al libro más documentado de todos desde el punto de vista medico–científico: Franco SERAFINI, *Un cardiologo visita Gesù*, ESD, segunda edición, Bolonia 2020.

2   Este texto ha alcanzado su tercera edición, revisada y ampliada, ESD, Bolonia 2014. En la portada aparecen dos autores: Sergio Meloni e Instituto San Clemente. En realidad, detrás de "Instituto San Clemente" está escondida la preciosa contribución de Carlo.

de Monza. Así como recuerdo perfectamente la llamada siguiente, en la cual me decía, con una conmoción serena y afligida al mismo tiempo, que Carlo se había muerto. No habría imaginado nunca que 14 años después de aquello, habría sido reconocido beato. Pero si le hubiese dado más peso a su sonrisa radiante como una Pascua, quizá habría visto más allá: habría reconocido en su rostro la imagen esplendida del Señor de la Gloria.

Después, sucede un hecho insólito que me hizo cuestionarme las cosas y maravillarme. Antes incluso de canonizarlo, el papa Francisco presenta a Carlo como modelo para los jóvenes, como chaval "creativo y genial" y habla de él en tres párrafos de la exhortación apostólica *Christus vivit:*

> "Te recuerdo la buena noticia que nos regaló la mañana de la Resurrección: que en todas las situaciones oscuras o dolorosas que mencionamos hay salida. Por ejemplo, es verdad que el mundo digital puede ponerte ante el riesgo del ensimismamiento, del aislamiento o del placer vacío. Pero no olvides que hay jóvenes que también en estos ámbitos son creativos y a veces geniales. Es lo que hacía el joven siervo de Dios Carlo Acutis.
>
> Él sabía muy bien que esos mecanismos de la comunicación, de la publicidad y de las redes sociales pueden ser utilizados para volvernos seres adormecidos, dependientes del consumo y de las novedades que podemos comprar, obsesionados por el tiempo libre, encerrados en la negatividad. Pero él fue capaz de usar las nuevas técnicas de comunicación para transmitir el Evangelio, para comunicar valores y belleza.

No cayó en la trampa. Veía que muchos jóvenes, aunque parecen distintos, en realidad terminan siendo más de lo mismo, corriendo detrás de lo que les imponen los poderosos a través de los mecanismos de consumo y atontamiento. De ese modo, no dejan brotar los dones que el Señor les ha dado, no le ofrecen a este mundo esas capacidades tan personales y únicas que Dios ha sembrado en cada uno. Así, decía Carlo, ocurre que 'todos nacen como originales, pero muchos mueren como fotocopias'. No permitas que eso te ocurra"[3].

Después de casi un año y medio, el 10 de octubre de 2020, el papa Francisco declara a Carlo beato. Su beatificación tiene un eco mundial. Y descubro también, con asombro, que muchos de mis amigos no solo conocen su vida, sino que también recurren cada día a su intercesión.

Ahora he comenzado a leer las numerosas biografías que en este tiempo se han escrito. También ha nacido en mí el propósito de dar una nueva voz a las frases de Carlo, muy eficaces y geniales. Por tanto, las he recogido junto a los pocos escritos que han quedado y se conocen hoy en día.

....

Mi método de trabajo es muy sencillo. Me he basado en los documentos oficiales y públicos recogidos por la Congregación para la Causa de los Santos en la *Positio super vita*,

---

3   FRANCISCO, Exhortación apostólica postsinodal a los jóvenes y a todo el pueblo de Dios, *Christus vivit*, 25 marzo 2019, §§ 104–106

virtutibus et fama sanctitatis y en particular en el *Summarium Testium,* sección de la *Positio* que recoge las declaraciones y las disposiciones de 57 testimonios escuchados durante la investigación abierta por el arzobispo de Milán, el cardenal Angelo Scola, el 12 de octubre de 2013, y concluida el 24 de noviembre de 2016[4].

Las frases pronunciadas por Carlo y a las que hacen referencia estos testimonios están reproducidas textualmente y son fácilmente identificables porque están citadas entre comillas y con una nota a pie de página que remite a un número sin ninguna otra referencia. El número se refiere a las páginas de la Positio. Después de haber reproducido la frase, intento reconstruir –todo lo posible– el contexto espaciotemporal en el cual cada frase ha sido pronunciada. También propongo unos textos–fuente que Carlo seguramente meditó –como las Sagradas Escrituras o *La imitación de Cristo*– , *y unos caminos de profundización y meditación siempre a la luz de la revelación divina.*

....

Finalmente, es un placer de obligado cumplimiento dar las gracias a Antonia Salzano y a Andrea Acutis, los padres de Carlo, y a mis hermanos, Roberto Viglino y

4   CONGREGATIO DE CAUSIS SANCTORUM, *Mediolanensis Beatificationis et canonizationis Servi Dei Caroli Acutis, Christifidelis Laici (1991– 2006) Positio super vita, virtutibus et fama sanctitatis, Romae 2017.* En particular el *Summarium Testium* comprende las pp. 93–340. *Las Declaraciones* están en las pp. 341–393. Resulta de gran utilidad para reconstruir el contexto de la vida de Carlo la *Biographia Documenta,* pp. 395–624, al final de la cual también se incluyen las poesías y algunos de los escritos de Carlo.

Davide Pedone, por los ánimos y las muchas sugerencias que me han aportado, y que han contribuido a embellecer esta obra.

Giorgio Maria Carbone O.P.

1. Los primeros pasos en la fe

Carlo nace el 3 de mayo de 1991 en Londres, hijo de Andrea Acutis y Antonia Salzano.

Antonia nos cuenta que "provenía de un ambiente quizás no hostil, pero que tenía en todo caso poca afinidad con la práctica religiosa"[5]. Es decir, pertenecía a una familia de tradición católica, pero no practicante. Antonia recibió los sacramentos de iniciación: el bautismo, la primera comunión y la confirmación. Y muy probablemente no volvió a misa hasta el día de su matrimonio; pero, a pesar de todo, albergaba una fuerte devoción por la Virgen María.

Andrea había crecido en un ambiente más religioso. Participaba regularmente en la misa dominical, y de niño, antes de acostarse, rezaba con su madre y su hermana. Se trasladó al extranjero para realizar sus estudios universitarios, dejó de participar en la misa y bien pronto se encontró siendo no practicante.

Carlo recibió los primeros conocimientos de la fe, sobre todo, de su niñera Beata, y también algunas clases de religión en la guardería. Cuando sus padres le acostaban, Carlo preguntaba siempre si querían rezar con él, iniciativa que los padres no tomaban por sí mismos en aquella época: "A Carlo le importaba mucho y nosotros estábamos encantados de hacerlo feliz"[6].

"A pesar de nuestra poca atención como padres, en un primer momento, a la formación religiosa de nuestro hijo,

---

5   295

6   295

Carlo se mostró siempre muy autónomo en este sentido: avanzaba por su camino y cultivaba su amor por Jesús. Estaba muy interesado en profundizar en la vida de Cristo, y lo hacía con unos libros ilustrados de la Biblia que le habían regalado sus abuelos. A menudo con la niñera polaca se paraba en la iglesia a saludar a Jesús o a llevar a la Virgen las florecillas que recogía en el parque. La niñera le enseñó las oraciones y a rezar el Rosario. Además, le había traído como regalo desde Polonia unas estampas de vírgenes presentes en santuarios famosos que él custodiaba con celo. Beata sembró en un terreno fértil las bases de su fe católica de tal manera que Carlo, entorno a los 4–5 años, comenzó a preguntar a su madre sobre la fe y a pedirle que le llevase a la iglesia a saludar a Jesús".

Detengámonos un poco en este gusto del pequeño Carlo por las cosas de Dios. Encontramos algo parecido en santo Domingo de Caleruega, el fundador de la orden de los Padres Predicadores. Sus biógrafos cuentan que desde muy pequeño hacía penitencia y rezaba por los otros[7]. Seguramente, santo Domingo fue educado en esta clase de buenas acciones por sus padres. Pero su constancia y su firmeza en ellas son síntoma de una "misteriosa" elección divina. La elección de Dios por los pequeños, también por los pequeños de edad, se repite en la vida de la beata Imelda Lambertini o en la del padre Pio de Pietrelcina, sólo por recordar a algunos.

---

7   Cf. Pietro FERRANDI, *Legenda di San Domenico*, 5–6, citada en P. LIPPINI, *San Domenico visto dai suoi contemporanei*, ESD, Bolonia 1998, 73; y en G. FESTA, A. LAFFAY, *San Domenico. Padre dei Predicatori*, Bolonia 2021, 250–253.

Dios atrae hacia sí a cada persona, independientemente de su edad, de su vida dentro o fuera del útero. Esto no debería sorprendernos tanto, como si fuese algo extraordinario o exclusivo. En la revelación bíblica esta verdad está bien testimoniada. Por ejemplo, con gratitud hacia Dios el salmista recoge: *Tú has creado mis entrañas, me has tejido en el seno materno. Te doy gracias porque me has plasmado portentosamente, porque son admirables tus obras: mi alma lo reconoce agradecida, no desconocías mis huesos. Cuando, en lo oculto, me iba formando, y entretejiendo en lo profundo de la tierra, tus ojos veían mi ser aún informe, todos mis días estaban escritos en tu libro, estaban calculados antes que llegase el primero.* (Sal 139, 13–16). También es de gran belleza la historia de la vocación del profeta Jeremías: El Señor me dirigió la palabra: Antes de formarte en el vientre, te elegí; antes de que salieras del seno materno, te consagré: *te constituí profeta de las naciones* (Jer 1, 4–5). También en el segundo canto del Siervo de Yavé se dice: *El Señor me llamó desde el vientre materno, de las entrañas de mi madre, y pronunció mi nombre. Hizo de mi boca una espada afilada* (Is 49, 1). De San Juán el Bautista se dice: *Estará lleno del Espíritu Santo ya en el vientre materno* (Lc 1, 15). Y cuando su madre, Isabel, escucha la voz de María que acaba de entrar en su casa, la propia Isabel se dio cuenta que *la criatura saltó de alegría en mi vientre* (Lc 1, 44). Juan, todavía dentro del útero, percibe la llegada de María y de su hijo, el Verbo que está ya vivo en el vientre de su madre, y por tanto también del Espíritu Santo, que es el Espíritu de Cristo mismo.

Todos estos hechos demuestran que Dios atrae hacia sí siempre, incluso cuando estamos siendo apenas concebidos. Esta relación entre Dios y cada uno de nosotros es radical, está en la base de nuestra propia existencia. Y nos corresponde a nosotros responder a esta atracción divina gracias a la capacidad de responderle, o más bien de dejarse atraer, que es distinta según nuestra edad. Dios nos crea y nos constituye en una relación de amor con él. Nos orienta a Él mismo desde el momento en que somos creados.

En general, pensamos que cada uno de nosotros responde a esta relación divina de conocimiento y amor mutuo solo a partir de la edad en que somos capaces de cumplir actos libres y deliberados, edad que ni siquiera somos capaces de identificar con precisión, convencionalmente decimos que es a los seis o los siete años. Pero los hechos antes recordados –por las Escrituras o por las vidas de santo Domingo y de Carlo– nos demuestran que también somos capaces de realizar actos virtuosos antes de los seis años, que somos capaces de dejarnos agarrar por Jesucristo y de cooperar con la iniciativa de su gracia.

2. Todos nacemos como originales...

"Todos nacemos como originales, pero muchos de nosotros mueren como fotocopias"[8] Antonia Salzano, la madre de Carlo, nos recuerda su gran frase y añade: "Carlo había entendido bien y habíamos hablado muchas veces de que el hombre corre siempre riesgo de salirse del camino, de

8   292

alejarse de la vía trazada por Jesús para cada uno de nosotros. Tenía delante de sí muchos ejemplos de cómo se puede uno equivocar de camino y andar lejos del Señor. Creía que para no morir como fotocopias era importante recurrir a los sacramentos".

Ya hemos recordado que el Papa Francisco, en 2019, cita esta frase de Carlo y la cita para animar a los jóvenes a que no caigan en la "trampa" de las modas homogeneizadoras, a guardarse de los "mecanismos de consumo y atontamiento". Su reclamo apunta a dejar "brotar los dones que el Señor nos ha dado", "esas capacidades tan personales y únicas que Dios ha sembrado en cada uno"[9].

Nacer como originales expresa de manera brillante la verdad, que es que cada uno de nosotros somos: únicos, irrepetibles, amados de modo singular por Dios. Cada uno de nosotros somos un "fuera de serie". Ninguno es un producto en serie, como una fotocopia. Cada uno de nosotros es creado y amado de manera insustituible. El cardenal Carlo Caffarra, para ilustrar esta verdad, recurría a un ejemplo muy efectivo:

> "Id a comprar un periódico: para hacerlo, bastará que digáis el nombre. Sí el quiosquero os diese el periódico pedido y vosotros le responderíais: 'Quiero el *Resto del Carlino*; pero no esta copia, sino aquella', este buen hombre tendría todo el derecho a consideraros un poco... locos. ¿Por qué? Cada copia del periódico es igual a cualquier

9   FRANCISCO, Exhortación apostólica postsinodal a los jóvenes y a todo el pueblo de Dios, Christus vivit, 25 marzo 2019, §§ 105

otra, siendo cada una la misma reproducción del mismo modelo. Y, por tanto, cada una es intercambiable con cualquier otra. ¿Pasa lo mismo con cada uno de vosotros? Estoy seguro de que os negáis a pensarlo. Ninguno de nosotros es intercambiable con ningún otro. Somos únicos; no somos un número. Somos unos "fuera de serie". El número, la cantidad, no entra en el mundo de la persona" [10].

Morir como fotocopias es el resultado de una existencia vivida siguiendo las modas. Carlo no sigue las modas, cultiva muchos intereses, pero no tiene ningún ídolo, detesta las cosas frívolas y fútiles. Los padres recuerdan que "Mostraba desinterés hacia todas las cosas de las que la gente de su edad se jactaba, como la marca del coche de su padre o el tamaño de sus casas" [11]. Y la madre añade: "Siempre tenía que luchar con él para comprarle ropa, porque para él era suficiente una muda y otra de repuesto. Le gustaba vestir clásico y no quería saber nada de las modas. Me decía que no tenía que tirar el dinero y que así podíamos ayudar más a los pobres" [12].

Nacer original significa también que cada uno recibe junto con la existencia un diseño original para vivir, "una misión particular en su vida". Su padre recuerda que don Ilio Carrai, el director espiritual de Carlo durante varios años, "contribuyó a crear en mi mujer y en mí la convicción de que nuestro hijo tenía una misión particular en la

10 C. CAFARRA, *Prediche corte, tagliatelle lunghe*, ESD, Bolonia 2017, 15–16

11 305

12 305

vida, porque lo repetía frecuentemente: 'Carlo es un niño especial' y a menudo bromeando le decía: 'Tú serás papa'. El padre Ilio no solía bromear, y estaba profundamente convencido que Carlo ocultaba en su interior una misión particular del Señor. Aclaro que su convicción era anterior a su muerte: estando todavía Carlo vivo, nos decía a nosotros y a él que el Señor ocultaba un diseño especial en su interior. No fue el único, también aquella hermana que lo detuvo y lo señaló como un chico singular. A nosotros mismos siempre nos sorprendía cómo a su alrededor había un clima especial, por el cual todo parecía ir rodado cuando él estaba presente. Después de su muerte, el padre Ilio redobló su convicción de que Carlo era un muchacho especial, que había ido directo al cielo y que ciertamente lo canonizarían. En efecto, hubo un camino progresivo de toma de conciencia de lo que era Carlo. Lo tenía al lado todos los días, y solo con el tiempo comprendí cuánto era querido y estimado por las personas con las que trataba"[13]

3. Dios está siempre con nosotros

"Dios está siempre con nosotros y no nos abandona nunca"[14]. Son los padres los que repiten esta frase. La asocian al recuerdo de la realización de la exposición sobre los milagros eucarísticos y a la conmoción que Carlo demos-

---

13 285

14 313

21

traba por las palabras de Jesús en Mt 28, 20: *Y sabed que yo estoy con vosotros todos los días, hasta el final de los tiempos*. Los padres añaden: "Era para él una enorme consolación la certeza de la presencia de Dios en medio de nosotros".

La verdad recordada por Carlo, "Dios está siempre con nosotros", es de capital importancia, corresponde al mismo nombre de Dios, el nombre que Dios revela a Moisés en Ex 3,14: *Moisés replicó a Dios: «Mira, yo iré a los hijos de Israel y les diré: "El Dios de vuestros padres me ha enviado a vosotros". Si ellos me preguntan: "¿Cuál es su nombre?", ¿qué les respondo?». Dios dijo a Moisés: «"Yo soy el que soy"; esto dirás a los hijos de Israel: "Yo soy" me envía a vosotros». Dios añadió: «Esto dirás a los hijos de Israel: "El Señor, Dios de vuestros padres, el Dios de Abrahán, Dios de Isaac, Dios de Jacob, me envía a vosotros. Este es mi nombre para siempre: así me llamaréis de generación en generación" (Ex 3,13–15)*. Justo cuando Dios confía a Moisés la misión de liberar al pueblo de Israel, Dios le revela su nombre, el así llamado sagrado tetragrama, porque en hebreo se compone de cuatro consonantes, YHWH. Puede ser transcrito también como Javhé, se traduce en griego como *Égō eimÍ* y en español como *Yo soy el que soy;* o quizás más simplemente como *Yo soy* o *Yo estoy con vosotros*[15].

Hemos escuchado de sus padres que Carlo asociaba la frase "Dios está siempre con nosotros o no nos abandona nunca" a las últimas palabras que Jesús pronuncia en el *Evangelio según Mateo* (28, 20): *Y sabed que yo estoy con vosotros todos los días, hasta el final de los tiempos*. Ahora bien,

---

15 Cf. A.–M. BESNARD, *Le mystère du Nom*, Cerf, Paris 1962.

el hecho de que Jesús, después de su camino terrenal, después de la resurreción, diga a sus discípulos yo estoy con vosotros, significa que se aplica a sí mismo las prerrogativas de Javhé. Como en el Antiguo Testamento, Javhé garantiza que siempre está con cada uno de los fieles, con el enviado o con todo el pueblo de Israel (cf. Gen 26,24; Ex 3,12; Dt 20,1.4; 31,6; Gs 1,9; Jc 6,12.16; Is 41,10; 43,5), así "Jesús ocupa el puesto de Javhé y asume su función con respecto al nuevo pueblo de Dios"[16].

Jesús garantiza su presencia, que no es solo una existencia, sino una presencia activa y eficaz: es una presencia que completa la salvación, que transforma al discípulo y lo diviniza. Esta presencia no es solo promesa, sino que se realiza de manera permanente y acabada. Es, por tanto, garantía estable. Finalmente, esta presencia no está circunscrita –como en el Antiguo Testamento– al pueblo de Israel, pero se extiende a la multitud, sin excluir a ninguno.

Carlo es santo porque ha recorrido su vida con la presencia de Jesús resucitado. No ha caminado jamás solo. La calidad de nuestra vida está compuesta también de la compañía de los amigos que frecuentamos. Si Jesús es mi mejor amigo, la calidad de mi vida se dilata sin límites, de manera tan absoluta como lo es Dios. El secreto de Carlo fue cultivar la amistad con Cristo. Debido a esta relación de amistad, Jesucristo se confirma a sí mismo y nos atrae a nosotros –y en última instancia– a él, todas las criaturas de Dios; quien está en llamas incendia; quien saborea con gusto un majar hace salivar a los demás; quien se deja atraer

---

16   J. GNILKA, *Il Vangelo di Matteo*, Parte seconda, Paideia, Brescia 1991, 743

por Dios a su vez atrae. Así ocurrió con Carlo. Son tantas las personas que han reconocido en él esta fascinación singular, esta alegría contagiosa. Y a cuántas personas él mismo ha hecho acercarse con caridad fraterna, atenciones, favores; porque Jesús está siempre con cada uno de nosotros. Él no vino y después se marchó, sino que sigue aquí. Es más, está siempre con nosotros: él es el *que ha de venir así* dice el Apocalipsis a propósito de Jesús: *Yo soy el Alfa y la Omega, el que es, el que era y el que ha de venir [hó erchómenos], el Todopoderoso (Ap 1,8); Mira, yo vengo rápido [kaí idoú erchómai tachý] (Ap 22, 7).*

Es el padre Barzaghi quien señala la necesidad de traducir *tachý* no con el banal "pronto", sino, en modo más fiel a la etimología, con "rápido" y añade:

> "El que viene rápido es tal ayer, hoy y mañana. ¡Si uno viene rápido, el "¿cuándo?" deja de importar! Por supuesto: ¡Rápido! Se necesita una intuición. Una mirada de la mente que le sea proporcionada, proporcionada a su velocidad. Esto es precisamente la fe teologal"[17].

Y Jesús siempre está viniendo —no para muchos, como si quisiera excluir a alguno— para la multitud, es decir, para todos. Para que todos se conviertan y sean salvados.

Corremos siempre el riesgo de construir una casta elitista. Carlo rompió cualquier barrera. Intentó darse a todos, a sabiendas de que el diseño y la presencia salvífica de Cristo tienen como destinatario a todos. Este aspecto

---

17   G. BARZAGHI, *Lo sguardo della sofferenza*, ESD, Bolonia 2011, 84.

universalista se enseña constantemente en el Nuevo Testamento. Como simple ejemplo cito la *Carta a los hebreos* en la que se habla de un diseño salvífico con una extensión de eficacia universal: es para todos (2,9); está potencialmente destinado a todos porque Cristo como cabeza de la *Iglesia llevará muchos hijos a la gloria* (2,10), donde muchos *(polloùs huioús)* se entiende no en sentido exclusivo, sino en sentido global e inclusivo, como "los muchos innumerables" o todavía mejor, como "la gran multitud"[18].

4. No, a Dios no lo ves, pero Él te ve...

"No, a Dios no lo ves. Pero Él te ve y sabe cuánto sufres y te protege, y estará siempre a tu lado, para protegerte, y te dará signos para que entiendas que Él está ahí"[19].

Carlo dirige estas palabras a Vanessa, su amiga. Es la sobrina de Rajesh, el sirviente de la casa de los Acutis. Tiene cuatro años más que Carlo y está atravesando un momento dramático: la separación de sus padres. En esta misma ocasión Carlo le regala a Vanesa una Biblia para que pueda conocer a Dios. Vanesa cuenta en su testimonio: "Carlo hablaba de Dios como si fuese el más Hermoso. Recuerdo que me decía que quería ser luminoso y

18   Cf. G. M. Carbone, *Ma la più grande di tutte è la carità*, 2ª ed., ESD, Boloña 2020, 85; G. Nebe, Πολυς, in H. Balz, G. Schnelder, *Dizionario esegetico del Nuovo Testamento*, Paideia, Brescia 1998, 2, 1049

19   174

radiante como Jesús, y que si todos hubiésemos puesto en práctica sus enseñanzas, habríamos sido más hermosos y radiantes"[20].

Las palabras de Carlo son un claro eco del prólogo del Evangelio según san Juan : *A Dios nadie lo ha visto jamás: Dios unigénito, que está en el seno del Padre, es quien lo ha contado* (Jn 1,18); con parábola del Buen Samaritano, metáfora detrás de la cual se esconde Jesús, que sabe volverse más cercano con cada uno de nosotros (Cf. Lc 10, 29–37); con el relato de Cleofás y del otro discípulo que, dirigiéndose a Emaús, se convierten, sin ser conscientes, en compañeros de viaje de Jesús resucitado, que los ilumina, los conforta y les llena de ardor el corazón. (Cf. Lc 24,13–35).

"Dios te dará señales". La causalidad no existe realmente, ni es tampoco el disfraz de la necesidad. Pero –como decía con gran eficacia el cardenal Biffi– "la cuestión está en el disfraz elegido por Dios para pasearse en medio de nosotros permaneciendo de incógnito"[21]. También los sucesos que nosotros llamamos a menudo casuales son señales que se refieren a otra cosa. Por tanto, como señales deben ser descifrados.

¿Pero qué es una señal? En general es un medio de comunicación, es una realidad perceptible con nuestros sentidos que nos conduce a conocer otra realidad, distinta de la propia señal. Las palabras escritas o pronunciadas, por ejemplo, son una señal que nos permiten comunicar ideas;

---

20   174

21   G. BIFFI, *Homilía en ocasión de su octogésimo cumpleaños,* celebrada en Boloña en el Santuario de la Señora de San Lucas, 13 de junio de 2008

el humo es una señal de un fuego encendido; el trueno y el rayo son señales de tormenta. Mientras Dios conoce a cada persona y a cada cosa en sí misma, sin ninguna mediación, nosotros, en nuestro día a día, conocemos la realidad a través de un proceso que comporta la mediación de señales. Por eso Dios se nos revela mediante signos. Estas señales que Dios utiliza con nosotros son muy heterogéneas: son la revelación histórico–bíblica, sus mandamientos, sus consejos, los acontecimientos de la vida.

Ahora bien, para que yo pueda descubrir que una realidad es una señal, además de tener una cierta experiencia de vida, tengo que conocer también la relación existente entre esta realidad–señal y la realidad a la cual la señal remite. Por volver a un ejemplo ya dicho: tendré que conocer no solo que es el humo, sino también su relación con la llama y el fuego. La virtud de la fe, el ejercicio de la meditación cotidiana o la oración mental nos ayudan a cultivar nuestra inteligencia de varios modos para que sea hábil a la hora de recoger señales y de descifrarlas.

La virtud vivida desde la fe perfecciona la inteligencia justo en esta dirección, como una especie de sexto sentido que nos vuelve capaces de recoger las señales y descubrir su significado, que en ocasiones será al instante y en otras necesitaremos tiempo y paciencia.

Carlo con las frases que nos ha dejado, demuestra haber experimentado esta habilidad. Por eso diciendo: "Dios te dará signos", consuela con simplicidad a Vanessa, a su amiga que sufre. Carlo ha comprendido todo cuanto dice el Salmo 23: *Aunque camine por cañadas oscuras, nada temo, porque tú vas conmigo: tu vara y tu cayado me sosiegan.* Sabe que Dios no nos ahorra las cañadas oscuras —en ese caso nos tendría que arrancar de este mundo—, sino que nos acompaña y sostiene para superar los momentos dolorosos y difíciles. El "signo" de Dios, el cayado, nos da seguridad para afrontar la noche. Así Carlo ayuda a Vanesa a concentrarse, no en su dolor, sino en aquello que es "hermoso" y confortante.

5. No yo, sino Dios

"No yo, sino Dios"[22]. La madre y el padre de Carlo recuerdan esta expresión suya. Por eso su madre añade que Carlo la repetía a menudo y "le gustaba porque en italiano rimaba"[23].

"No yo, sino Dios" parece referirse a las palabras con las que Juan Bautista responde a sus discípulos a propósito de la identidad de Jesús: *Él tiene que crecer, y yo tengo que menguar* (Jn 3,30). Al igual que se refieren a las que Jesús dirige a Santa Catalina de Siena: "Tú, Catalina, piensa en mí. Yo pensaré en ti al instante"[24].

Ciertamente son el signo de fe de Carlo en la soberanía de Dios y síntoma de su humildad: El hombre encuentra su grandeza en reconocer a Dios y en abandonarse en Él.

---

22 291 y 324

23 291

24 RAIMONDO DA CAPUA, *Legenda maior, Vita di santa Caterina da Siena*, I, cap. 10, § 95, Cantagalli, Siena 1985, 110.

Carlo hacía todo esto con entusiasmo y pasión, como asegura Luana Pennino, la abuela materna: "Él era un joven que vivía para el Señor. Era también un apasionado de la búsqueda de Dios y no por azar había preparado esa espléndida muestra sobre los milagros eucarísticos que es famosa en todo el mundo"[25].

Este amor apasionado por el Señor lo volvía contagioso allá donde se encontrase.

Contagió especialmente a sus padres y a su propia abuela: "Ni yo, ni sus padres éramos así de practicantes antes de que Carlo nos condujese a la fe. Es él quien nos ha conducido a Dios, a la fe, a la alegría de saber que es bello creer en Dios"[26]. La abuela materna declara: "Debo reconocer que durante casi toda mi vida, pese a haber estado diez años en el colegio, no era para nada una buena católica, y gracias a Carlo, que desde pequeño me pedía que fuese a Misa con él y con su madre, he encontrado aquella fe, por aquel entonces, perdida"[27].

Como tendremos oportunidad de leer, Carlo contagió a sus parientes, a sus amigos, a su trabajador doméstico Rajesh y a todas las personas con las que coincidía. Ninguna escapaba a su contagio.

---

25 270–271

26 276

27 276

6. No al amor propio, sí a la gloria de Dios

"No al amor propio, sí a la gloria de Dios"[28].

Esta expresión de Carlo parece casi un desarrollo de la frase precedente: "No yo, sino Dios"[29]. Reza el salmo 115,1: *No a nosotros, Señor, no a nosotros, sino a tu nombre da la gloria, por tu bondad, por tu lealtad.*

Parece el conciso resumen de una máxima de *La imitación de Cristo:* "Si tienes riquezas, no te glories en ellas, ni en los amigos, aunque sean poderosos; mas en Dios que todo lo da, y sobre todo se desea dar a sí mismo"[30].

El amor propio es el amor desordenado de uno mismo, es decir, no orientado ni vivido con motivo de Dios ni con vistas a Dios. Es el amor que se manifiesta en la soberbia, en el egoísmo, en el conformismo con uno mismo, en la vanidad y en la ostentación.

La gloria de Dios es la manifestación de la identidad de Dios y, por tanto, la notificación de la identidad clara de alguna cualidad suya; principalmente de la misericordia que salva.

Carlo era ambicioso, santamente ambicioso: se proponía hacer de su existencia terrestre una manifestación de la presencia del amor de Dios.

---

28 324

29 291 y 324

30 *Imitación de Cristo* I, 7, 2, a cargo de Fray Luis de Granada, EDIBESA, Madrid 2014

7. Cada minuto que pasa...

"Cada minuto que pasa es un minuto menos del que disponemos para santificarnos"[31].

Carlo dirige esta frase a un amigo suyo que le había confesado que la vida le resultaba aburrida. La madre recuerda con dulzura y sentido del humor al amigo: "Le dio una pequeña lección de cómo debía ver las cosas (...) La vida es un regalo que Dios nos ha dado demasiado precioso como para no apreciar cada instante".

La máxima de Carlo recuerda la máxima de *La imitación de Cristo:*

> "Acuérdate siempre del fin, y que el tiempo perdido jamás torna. Nunca alcanzarás la virtud sin cuidado y diligencia"[32].

Y traduce en síntesis el modelo de los Santos Padres propuesto una vez más por *La imitación de Cristo:*

> "En el día trabajaban, las noches ocupaban en la divina oración, aunque trabajando no cesaban de la oración espiritual. Todo el tiempo gastaban en el bien. Toda hora les parecía poco para darse a Dios"[33].

---

31 303

32 *Imitación de Cristo*, I, 25, 11, cit.

33 *Imitación de Cristo*, I, 18, 2–3, cit.

Carlo desea ser santo. Y aspira a la santidad como a una realidad, no abstracta, sino concreta, porque sabe que consiste en vivir con Jesucristo y en conformarse con él; o más bien en ser hecho conforme a Él, por Él.

Este deseo de santidad no está en competencia ni en conflicto con los muchos intereses por las bellas y excelentes realidades creadas. Al contrario, el deseo de santidad y la conformidad con Jesucristo pasan en realidad a través de todos nuestros actos y, por tanto, también a través de los buenos intereses que cultivamos.

Carlo tenía muchos intereses que comprendían desde la literatura hasta las películas, desde la informática hasta la fotografía. Federico, su amigo y compañero de escuela, cuenta que Carlo "usaba el tiempo con inteligencia (...). Cultivaba sus intereses con libertad: por ejemplo, leía con interés *Quattroroute*, pero al mismo tiempo leía con un interés todavía mayor la Biblia"[34].

Lo que santifica es la presencia de Dios en nuestra vida. Es vivir en comunión con Cristo. Él, estando siempre con nosotros, dándonos su mismo Espíritu Santo, eleva y transforma cualquier cosa que hagamos, excepto el pecado. ¡Incluso leer *Quattroroute!*

---

34 137

8. Para que Dios haga que me vuelva santo

"Para que Dios haga que me vuelva santo"[35].

Carlo pedía oraciones y precisaba la petición con estas palabras al final de las conversaciones con su director espiritual, don Ilio Carrai, que lo recuerda en una declaración firmada en Bolonia el 17 de abril de 2007.

"Para que Dios haga que me vuelva santo": no es una fórmula de estilo. No son palabras circunstanciales. Quien conoció en persona a Carlo sabe que no era remilgado ni pomposo. Era más bien sencillo y franco.

Estas palabras revelan todavía hoy su deseo de santidad. Esto debería de unir a todos los discípulos de Jesús. Revelan también la consciencia de que todos nos volvemos santos gracias, ante todo, a las acciones que Dios realiza en nosotros. Nunca lo logramos solos, sino por medio de la cooperación de otras personas animadas por el mismo deseo. Este es una manera de vivir la comunión de las cosas santas y de los santos que profesamos en el *Credo*.

El deseo de santidad podría parecer una presunción. Pero en realidad Dios revela su voluntad repetidamente con estas palabras: *Seréis santos, porque yo soy santo* (Lv 11,44.45; 19,2; cf. Lv 20,7; 1 Pd 1,15.16).

Si pretendiese lograrlo solo, con sólo mis fuerzas; no sólo sería un iluso, sino también un presuntuoso, un soberbio. Pero si es Dios quien me lo pide, si es Dios quien se me regala a Sí mismo, es decir, al Espíritu Santo, y así me capacita para responder a su invitación; entonces, la santidad se vuel-

---

35 371

ve un deber, una exigencia casi fisiológica. Carlo no deseó sino aquello que Dios deseaba para él y por ello pide que los demás también pidan esto: "Para que Dios haga que me vuelva santo".

A menudo nos formamos ideas falsas sobre la santidad. Se piensa en cierta iconografía que presenta al santo o a la santa con el cuello torcido, con las manos juntas en oración y con los ojos vueltos hacia lo alto; o quizás con una mirada afligida y de dolor, con el cráneo de un muerto sobre la mesa. Sin embargo, Carlo vivió y ahora nos muestra primero la santidad de la vida cotidiana de un niño, y después la de un adolescente lleno de intereses.

La santidad que Carlo nos propone es la de una vida vivida, no fuera del mundo real, no siguiendo quién sabe qué clichés iconográficos —poco importa si con grandes o pequeños gestos—, sino vivida en su existencia singular, a través también de gestos simples y ordinarios y en cualquier modo al alcance de un niño primero y de un adolescente después. Dios se lo ha forjado interiormente, lo ha capacitado con la presencia activa del Espíritu Santo para que todo aquello que pedía a Carlo pudiese encontrar en él una amable correspondencia y un rápido consenso.

9. UN REGALO TAN GRANDE

"No podré nunca agradecer lo suficiente a Jesús por haber-nos hecho un regalo tan grande dándonos el sacramento del bautismo"[36].

El padre y la madre de Carlo citan esta frase. Recuer-dan también el contexto: Carlo tenía alrededor de nueve años. Los tres estaban en Milán. Apenas habían salido de la iglesia parroquial de Santa María Secreta y habían par-ticipado en la misa dominical en la que los fieles habían renovado sus promesas bautismales. Los padres recuerdan todavía que "en otras ocasiones Carlo nos dijo que son muchas las personas que no se dan cuenta de qué infinito regalo es recibir el bautismo; y se lamentaba del hecho de que mucha gente pareciese más interesada en los aspectos exteriores como la fiesta, los recuerdos, los regalos o los vestidos que en el sacramento en sí. Más de una vez nos dijo lo necesario que era cultivar y corresponder a la gracia recibida a través del bautismo y no arruinar este regalo"[37].

"Un regalo tan grande": dado que Carlo pertenece a una familia muy acomodada, se podría pensar en la última PlayStation, en un dron o en un velero. Y, sin embargo, es el bautismo. Es a Dios mismo a quien se le da gracias.

Se manifiesta la fe penetrante de Carlo en las palabras que Jesús dirige a Nicodemo: *En verdad, en verdad te digo: el que no nazca de agua y de Espíritu no puede entrar en el reino de Dios* (Jn 3,5). Jesús, para hacer entender el sentido

---

36 291

37 291

de su bautismo, utiliza la metáfora del nacimiento porque el bautismo nos constituye hijos de Dios, nos introduce en la relación de filiaciones con Dios Padre. Jesús, el Verbo Encarnado, el Unigénito, es el Hijo de naturaleza divina. Cada uno de nosotros, naciendo del agua y del Espíritu, es introducido en la misma relación que el Hijo Unigénito mantiene con el Padre: nos hemos vuelto hijos en el Hijo de naturaleza divina, por lo que somos hijos adoptivos a todos los efectos. Comenzamos así a participar en la vida divina, a ser animados y movidos por el mismo Espíritu que une al Padre y al Hijo. Así entramos en la formación del Cuerpo místico de Cristo, es decir, nos volvemos los miembros vivos de su Iglesia. Justo con el bautismo se inicia nuestra divinización.

Cualquier otro regalo depende de esto.

Por ello, cualquier otro presente no se puede comparar con el bautismo y con su capacidad de divinizarnos.

Es un regalo inesperado e inmerecido. Por tanto, lo he de reconocer siempre.

10. ENVIAR A SU HIJO UNIGÉNITO JESUCRISTO

"El regalo más grande que Dios ha hecho a los hombres ha sido el de enviar a su Hijo Unigénito Jesucristo"[38].

Nicola Gori, el primer y más importante biógrafo de Carlo, cita la frase. Su contexto no aparece reconstruido.

---

38   N. GORI, La Eucaristía..., 81. Cf. también 542.

Podemos poner esta frase en relación con la precedente: "No podré nunca agradecer lo suficiente a Jesús por habernos hecho un regalo tan grande dándonos el sacramento del bautismo"[39]. La encarnación de Cristo es un evento cuyo fin es nuestra salvación, empieza habitualmente con el bautismo, se desarrolla con los otros sacramentos y con nuestra vida virtuosa y se cumple en la vida de gloria.

Desde el punto de vista de la "historia de la salvación", el culmen es justo la encarnación del Verbo, es decir, el día en el que el ángel anuncia a María su misión y le dice: *"No temas, María, porque has encontrado gracia ante Dios. Concebirás en tu vientre y darás a luz un hijo, y le pondrás por nombre Jesús (...) María contestó: 'He aquí la esclava del Señor; hágase en mí según tu palabra'"* (Lc 1,30–31.38).

No obstante, debemos considerar también que Dios Padre envía a su Unigénito no sólo con la encarnación –esta es ciertamente el único envío visible del Verbo–, sino que el Padre nos envía su Unigénito siempre de manera invisible. La teología ha hablado tradicionalmente de envíos o misiones visibles e invisibles[40]. El Padre envía y manda visiblemente el Verbo con la encarnación y el Espíritu con Pentecostés con ocasión de momentos históricos puntuales. Envía y manda siempre el Verbo y el Espíritu de manera invisible. Dios Padre ama a la persona humana, quiere introducirla siempre en su comunión de amor y lo hace mandando de manera invisible al Verbo y al Espíritu. El modo habi-

---

39 291

40 Entre los muchos ejemplos posibles: cf. TOMÁS DE AQUINO, La Suma Teológica, Primera Parte, q. 43

tual con el cual se cumplen estas misiones invisibles es la celebración de los sacramentos. De hecho, sabemos que cuando uno es bautizado, es Cristo quien bautiza. Cuando uno es absuelto de sus pecados, es Cristo quien absuelve. Cuando invocamos en la oración al Espíritu. El Espíritu está presente en nosotros.

El Concilio Ecuménico Vaticano II con gran acierto nos recuerda:

"Para realizar una obra tan grande [la salvación], Cristo está siempre presente en su Iglesia, sobre todo en la acción litúrgica. Está presente en el sacrificio de la Misa, sea en la persona del ministro, "ofreciéndose ahora por ministerio de los sacerdotes el mismo que entonces se ofreció en la cruz", sea sobre todo bajo las especies eucarísticas. Está presente con su fuerza en los Sacramentos, de modo que, cuando alguien bautiza, es Cristo quien bautiza. Está presente en su palabra, pues cuando se lee en la Iglesia la Sagrada Escritura, es Él quien habla. Está presente, por último, cuando la Iglesia suplica y canta salmos, el mismo que prometió: *Donde están dos o tres congregados en mi nombre, allí estoy Yo en medio de ellos"* (Mt, 18,20)." [41].

---

41   CONCILIO ECUMÉNICO VATICANO II, Costitución sobre la sagrada liturgia, *Sacrosanctum Concilium*, 4 de diciembre de 1963, 7, DH 4007.

11. Para que Jesucristo sea amado y conocido

"Es muy importante rezar e interceder para que Jesucristo sea amado y conocido por todas las personas del mundo"[42].

Tampoco conocemos el contexto de esta frase. Nicola Gori la encuadra en la importancia que Carlo atribuía al diálogo interreligioso: "Lo consideraba un momento privilegiado para dar a conocer la fe y las enseñanzas del Evangelio a los no cristianos. Seguí por televisión el encuentro interreligioso que se mantuvo en Asís el 24 de enero de 2002, presidido de Juan Pablo II. En aquella ocasión explicó que en estos encuentros interreligiosos el Papa había sido seguramente inspirado por Dios porque así daba a todos la posibilidad de conocer y de amar a Jesucristo, único salvador del mundo del que depende la salvación de todos los hombres"[43].

"Muy importante rezar e interceder para que Jesucristo sea amado y conocido": es el principio que anima el apostolado de Carlo. Lo realiza de todas las maneras disponibles a su edad y estilo de vida, en sus amistades, en la escuela, con su sonrisa, con el saludo premuroso, la limosna y con gestos de ayuda hacia cualquier persona próxima a él y de cualquier clase. Basta recordar la amistad y cordialidad que Carlo mantenía con los porteros de los palacios de Vía Ariosto o Plaza Tommaseo en Milán, muchos de los cuales eran budistas o hinduistas.

"Para que Jesucristo sea amado y conocido por todas las personas del mundo" desvela también el sentido católico de

---

42 N. GORI, *L'Eucaristia...*, 81. Cf. 542.

43 N. GORI, *L'Eucaristia...*, 81.

Carlo, que es consciente de que Jesús es el único Salvador de todos y, por lo tanto, debe ser anunciado a todos, en todo el mundo, en cada ocasión. Del destino universal de la salvación realizada por Jesús, deriva la universalidad del anuncio cristiano, deriva la necesidad del diálogo interreligioso, la belleza de la cooperación fraterna en el campo de los derechos humanos y el testimonio de la caridad cristiana.

12. UNA VIDA VERDADERAMENTE HERMOSA

"Una vida será verdaderamente hermosa solo si se llega a amar a Dios por encima de cualquier cosa y al prójimo como a nosotros mismos. Y para hacer esto necesitamos de la ayuda de Dios que nos viene dada a través de los sacramentos, de manera especial mediante la Eucaristía"[44]. Los padres, juntos, narran este recuerdo, pero sin detallar el contexto.

Hoy se altera y se abusa de las palabras *amor y amar* en su significado más hermoso. En el Nuevo Testamento y en la tradición cristiana el sustantivo español amor traduce el vocablo griego *agápe* y el verbo amar la palabra *agapáo*. *Agápe o agapáo* son términos utilizados casi exclusivamente por autores cristianos. Están para designar a Dios mismo: *Dios es amor* (1 Jn 4,8); o también el amor que Dios tiene por nosotros y por los discípulos que están llamados a

---

44 313

vivir con Dios y entre ellos: *Nadie tiene amor más grande que el que da la vida por sus amigos* (Jn 15,13)[45]. Por tanto, el *agápe,* es decir, el amor de la caridad; es ante todo Dios mismo. Es también la acción con la cual Dios nos toca, nos encuentra y nos transforma. Amándonos en Jesús y en el Espíritu, se nos entrega a Sí mismo. En consecuencia, nos habilita a su vez a amarlo a Él, a nosotros mismos y a nuestro prójimo; ya no solo con nuestro amor simplemente humano, sino con su fuerza de amor divino. Esto es otro aspecto importante de nuestra divinización. Esta es también la manera con la cual Dios dilata nuestra voluntad y nuestros deseos: nos vuelve capaces y hábiles en el querer lo que Él quiere, en el amar lo que Él ama, en el amar a quien Él ama. Y todo esto según una medida que ya no es la nuestra, sino la suya, su medida divina.

El amor de la caridad es una vida exitosa. Nuestro éxito es vivir el *agápe.*

"La ayuda de Dios" –de la que habla Carlo– es justo recibir la gracia santificante y la virtud teologal de la caridad. La que habitualmente se cumple cuando participamos o celebramos un sacramento. Pero también cuando rezamos, meditamos la Palabra de Dios o realizamos actos virtuosos –recuerda la enseñanza del Concilio Vaticano II nombrada hace poco[46]– recibimos la visita de Dios y con ello también su gracia.

---

45   Para profundizar permíteme remitir a: G. M. CARBONE, *Ma la più grande è la carità,* 2ª ed., ESD, Bolonia 2020.

46   Cf, supra, § 10.

13. MORIR CADA DÍA

"Cuanto más consigamos morir cada día durante el curso de nuestra vida, más será posible renacer en Jesucristo al final de la vida"[47].

Es la madre de Carlo la que recuerda estas palabras junto a su contexto. Antonia y Carlo acaban de participar en la misa dominical en la que han escuchado el pasaje de Jn 12,24: *En verdad, en verdad os digo: si el grano de trigo no cae en tierra y muere, queda infecundo; pero si muere, da mucho fruto.*

Morir a uno mismo, como también renegar de uno mismo, aparte de no estar muy de moda, es también objeto de malentendidos. Para intentar comprender el significado resulta útil detenerse en la parábola del grano de trigo. La parábola en sí es muy breve y está colocada, junto a las enseñanzas de los vv. 25–26, en un cuadro más amplio: los vv. 23 y 27–28 en los cuales Jesús anuncia que se estaba cumpliendo su hora. Por ello, la parábola y las máximas de los vv. 24–26 son "una espléndida puntualización de que el significado de la hora y la muerte de Jesús tendrá lugar para todos los hombres"[48].

Jesús está aludiendo, con la parábola del grano de trigo, a su pasión y a su muerte ya próxima. La muerte es condición indispensable para llegar a la vida, para alcanzar la gloria. Así, el morir a sí mismo –que es siempre una manera con la que el discípulo se adecua al maestro– no es nunca un

---

47   291

48   R.E. BROWN, *Giovanni*, 2ª ed., Asís 1979, 607.

fin, sino que sirve para dar mucho fruto: *Si muere, da mucho fruto.* (Jn 12,24).

Cualquier obra ascética, cualquier mortificación para que sea cristiana no es nunca un fin en sí mismo, sino que es una mirada hacia un bien mucho mayor a aquel al que se ha renunciado. Sirve también para crecer en el amor hacia Dios o en la caridad fraterna.

La parábola juega con la antítesis "queda sólo" y "da mucho fruto", es decir, con el contraste entre soledad–esterilidad y multiplicidad–fecundidad. En el "mucho fruto" podemos reconocer a los muchos a los que ha salvado, la comunidad de los creyentes que se constituye justo debido a la muerte y resurrección de Jesús.[49]

Además, Léon–Dufour hace notar que esta parábola "sobre el grano de trigo es una alusión al *pan de la vida que es el propio Jesús* (6,33–48), al pan que es su carne por la vida del mundo (6,51). Partiendo de una ley terrenal, Jesús expresa el misterio mediante el cual se realiza la nueva creación, y este misterio vale también para el creyente; el cual, unido a Jesús, *dará mucho fruto.* Esto es lo que se desarrolla a lo largo de la alegoría de las vides y el viñador (15,1–8) diciendo que el sarmiento debe ser podado y sobre todo permanecer injertado a la cepa de la vida"[50].

A la parábola del grano de trigo le siguen dos máximas que amplían de manera explícita la enseñanza al discípulo: *El que se ama a sí mismo, se pierde, y el que se aborrece a sí mismo en este*

---

49 Cf. K. WENGST, *El evangelio de Juan,* Queriniana, Brescia 2005, 495.

50 LEÓN–DUFOUR, *Lettura dell'Evangelo secondo Giovanni,* San Paolo, Cinisello Balsamo 1992, vol.2, 578.

mundo, se guardará para la vida eterna. El que quiera servirme, que me siga, y donde esté yo, allí también estará mi servidor; a quien me sirva, el Padre lo honrará. (Jn 12, 25–26). También aquí se proponen algunas antítesis: *amar–aborrecer o perder/destruir–conservar.* Son alternativas radicales típicas del lenguaje semítico "tomadas prestadas de la tradición bíblica de la alianza (cf. Dt 21,15; Mt 6,24)"[51]. La verdad está expresada de forma paradójica de tal manera que pueda ser memorizada más fácilmente. No es una exhortación al masoquismo o al suicidio, sino que tiene que ver con la propia existencia, con un regalo de amor propio: la vida misma, la misma alma y el yo mismo están a salvo cuando se hace de ellos un regalo[52].

Quien aspira con todas sus fuerzas a la propia autorrealización, excluyendo la lógica del regalo, de la ofrenda, del amor de la caridad; destruye su propia vida, lo pierde todo. En cambio, quien pone la propia vida al servicio de Dios y, por tanto, del prójimo (cf. Jn 12,26) encuentra la plenitud de la vida y la gloria.

Estas tres máximas de Jesús están insertas en el contexto de la narración de la llegada de su hora y son un comentario de lo que conlleva.

A los apóstoles Andrés y Felipe que le informaron del deseo de los griegos: *Queremos ver a Jesús,* Jesús mismo responde: *Ha llegado la hora de que el hijo del hombre sea glorificado* (Jn 12,21.23).

---

51   R. FABRIS, *Giovanni. Traduzione e commento*, Borla, Roma 1992, 684. R. E. BROWN, *Giovanni*, cit., 607: demuestra que el verbo *apollynai* puede ser traducido como *destruir* y así vuelve más fuerte el contraste con *conservar*.

52   Cf. A. WIKENHAUSER, *L'Evangelio secondo Giovanni tradotto e commentato*, Morcelliana, Brescia 1962, 320.

Después de las tres máximas sigue la confesión de la turbación interior de Jesús y una teofanía a menudo olvidada: *«Ahora mi alma está agitada, y ¿qué diré? ¿Padre, líbrame de esta hora? Pero si por esto he venido, para esta hora: Padre, glorifica tu nombre». Entonces vino una voz del cielo: «Lo he glorificado y volveré a glorificarlo». La gente que estaba allí y lo oyó, decía que había sido un trueno; otros decían que le había hablado un ángel. Jesús tomó la palabra y dijo: «Esta voz no ha venido por mí, sino por vosotros. Ahora va a ser juzgado el mundo; ahora el príncipe de este mundo va a ser echado fuera. Y cuando yo sea elevado sobre la tierra, atraeré a todos hacia mí». Decía esto para significar de qué muerte iba a morir* (Jn 12,27–33).

Jesús anuncia abiertamente que su hora ha llegado, la *hora* a la que todo el relato de las tradiciones de Juan está orientado. Es la *hora* de la pasión, muerte y resurrección; por usar nuestro lenguaje. Es la hora de la glorificación y de la elevación de la tierra, por usar el lenguaje de Jn 12,33.

La hora es ambivalente: "Provoca la crisis y la turbación conectados a la muerte" y al mismo tiempo "el momento de la extrema fidelidad del Hijo que se confía al Padre y le pide que incluso en esta hora Él se revele y cumpla su voluntad: *Glorifica tu nombre*"[53].

En esta hora *el Padre glorificará al Hijo del hombre* (cf. Jn 12,33). En la tradición de Juan también están presentes otras "afirmaciones que hablan de ascensión y descenso" de los ángeles sobre el Hijo del hombre (1,51) y de la ascensión del Hijo del hombre *a donde estaba antes* (Jn 6,62). Quieren decir

---

53 R. FABRIS, *Giovanni*, cit., 685–686

que Dios está presente incluso en el evento de la cruz: "Puesto que Dios está presente en esta muerte no es una muerte vana e infructuosa, sino una muerte que *da mucho fruto*"[54].

Los vv. 27–28 presentan una oración que Jesús dirige al Padre. Es una suerte de eco de muchos salmos y encuentra su paralelismo en el relato de la agonía en el Getsemaní de Mc 14,35–36. En ambos casos Jesús reconoce que huir de esta hora no corresponde a la voluntad del Padre. *Padre glorifica tu nombre* (12,28): "Puede ser considerado como una versión cristológica de la pregunta del Padre nuestro: *Santificado sea tu nombre*"[55]. También, puede traducirse con estas palabras: Padre, manifiesta tu presencia activa en mi hora.

El morir de Cristo en la cruz está en vista de la resurrección, así como nuestro morir físico al final de la existencia terrestre. Y así también nuestras mortificaciones y nuestro renegar de nosotros mismos están siempre en vista de nacer en la nueva vida, es decir en la vida del Espíritu de Cristo Resucitado: es este el objetivo de cada conversión. San Pablo habla también de esto en los términos de *participar en la plenitud de Cristo* (Col 2,10). En Cristo *habita la plenitud de la divinidad corporalmente* (Col 2, 9). Y también mediante el bautismo y la consiguiente vida nueva, el discípulo participa en la plenitud de Cristo.

De las precedentes consideraciones –que quizás habréis encontrado aburridas y pedantes respecto a las brillantes consideraciones de Carlo– saquemos además la conclusión de que morir a uno mismo no tiene nada de doloroso ni de

---

54   K. WENGST, *Il Vangelo di Giovanni*, cit., 495

55   R. SCHNACKENBURG, *Il Vangelo di Giovanni*, Paideia, Brescia 1973, II, 642

aflictivo. Es más bien un acto de amor y de gratitud[56]. Morir cada día significa ofrecerse a sí mismo a Dios, entregarse a él. *Os exhorto, pues, hermanos, por la misericordia de Dios, a que presentéis vuestros cuerpos como sacrificio vivo, santo, agradable a Dios; este es vuestro culto espiritual* (Rm 12,1). La expresión española culto espiritual se traduce del griego *loghikèn latréian*. Es una traducción un poco débil, ya que el adjetivo loghikòs remite al Logos. Ofreciendo nuestra existencia corporal a Dios, realizamos un acto de culto que nos vuelve parecidos al Logos, al Verbo encarnado.

14. Subir al Gólgota

"A menudo se vive de manera demasiado frenética y se hace de todo para olvidar que también nosotros subiremos al Gólgota antes o después. De hecho, desde el nacimiento, nuestro destino terrenal está marcado ya que estamos todos invitados a subir al Gólgota y a cargar con nuestra cruz"[57].

Son los padres quienes comentan esta frase juntos.

Ningún hombre querría subir al Gólgota. El mismo Jesús está indeciso y es tentado hasta el final. Pero Él mismo sabe que es el único camino[58], además en el curso de su ministerio público, exhorta a los suyos a seguirlo a donde sea, cueste lo

---

56 Cf. G. M. CARBONE, *Introduzione*, in L. CHARDON, *La Croce di Gesù*, 2° ed., ESD, Bologna 2018, 59–61

57 313

58 Cf. J RATZINGER–BENEDICTO XVI, *Gesù di Nazaret. Dall'ingresso in Gerusalemme fino alla risurrezione*, Libreria Editrice Vaticana, Ciudad del Vaticano 2011, 165–187

que cueste: *Si alguno quiere venir en pos de mí, que se niegue a sí mismo, tome su cruz y me siga* (Mt 16, 24).

Santa Rosa de Lima, terciaria dominica y discípula espiritual de Santa Catalina de Siena, primera santa de las Américas, escribe en una carta:

> "Que nadie se engañe: ésta es la única verdadera escala del paraíso, y fuera de la cruz no hay camino por donde se pueda subir al cielo"[59].

La cruz fue y sigue siendo un patíbulo infame. El Verbo encarnado sube allí y allí es desgarrado. De esta manera, no cancela la cruz, no deja de ser un infame instrumento de muerte, pero la eleva a instrumento de glorificación –lo hemos visto antes en Jn 12,23–32 –, una escalera hacia la vida de gloria. Por esto la Iglesia le canta este himno a la Cruz gloriosa:

> "Crux fidelis, inter omnes | arbor una nobilis, | nulla talem silva profert, | flore, fronde, germine. | Dulce lignum dulce clavo | dulce pondus sustinens"[60]

---

59 ROSA DE LIMA, *Carta al médico Castillo, reproducida en Liturgia de las Horas*, vol. IV, 23 de agosto

60 *Misal Romano, Antífona al himno Pange, lingua,* Liturgia del Viernes Santo.
"Cruz fiel, entre todos único árbol noble, ningún bosque produce uno semejante, en flores, en frondosidad, en brotes. Dulce madero que por dulce clavo dulce peso sostiene"

15. Vencerse a sí mismo

"¿De qué le sirve al hombre vencer mil batallas, si luego no es capaz de vencerse a sí mismo con sus propias pasiones corruptas?"[61].

La frase está extraída de la declaración dada en común por Andrea Acutis y Antonia Salzano, sin fecha, y reproducida en la *Positio. Remite en modo bastante claro la sentencia de Jesús: ¿De qué le sirve a uno ganar el mundo entero si se pierde o se arruina a sí mismo?* (Lc 9, 25).

Vencerse a sí mismo, es decir, a las proprias pasiones desordenadas, es un tema clásico de la espiritualidad cristiana y no cristiana. Lorenzo Scupoli, en *El combate espiritual escribe:* "Tus enemigos —el mayor de los cuales eres tú mismo— no te impiden este santo silencio"[62]. San Josemaría Escrivá de Balaguer escribe: "Tu mayor enemigo eres tú mismo"[63]. También en *La imitación de Cristo*:

> "Grave cosa es dejar la costumbre, pero más grave es ir contra la propia voluntad. Mas si no vences, las cosas pequeñas y livianas, ¿cómo vencerás las dificultosas?"[64].

Un gran teólogo de la vida espiritual, todavía poco conocido en Italia, Louis Chardon, escribe de manera muy eficaz:

---

61 291

62 L. SCUPOLI, *Il combattimento spirituale, Parte II, Della pace interiore,* cap. VIII, San Paolo, Cinisello Balsamo 2015, 215

63 J. ESCRIVÁ DE BALAGUER, *Cammino,* Ares, Milán 2012, § 225

64 *Imitación de Cristo,* cit., I, 25, 11.

"El camino para llegar a la virtud perfecta y duradera es poco agradable. (...) Las pruebas tienen una gloria mayor que la dulzura y el duro trato que la virtud impone a quienes la buscan es la auténtica disposición a la felicidad"[65].

Dios crea al hombre para hacerlo partícipe de su gloria, de su beatitud. La cruz, los problemas, las amarguras, los sufrimientos, todo aquello que llamamos cruz espiritual o física, es una prueba que nos permite crecer en la virtud, hacer un salto de calidad en nuestra vida.

16. RECURRIR A LOS SACRAMENTOS

"Para no morir como fotocopias es importante recurrir a los sacramentos"[66].

Es la madre de Carlo la que nos habla de esta frase.

Por tanto, en el pensamiento de Carlo los sacramentos nos apartan del riesgo de vivir y morir como fotocopias y nos dan la capacidad de vivir y morir como originales.

¿Por qué?

Ya hemos visto que los sacramentos son acciones de Cristo presente[67]: Jesús, sentado a la derecha del Padre, continúa obrando en la historia a nuestro favor ordinariamente mediante las acciones sacramentales. Es el mismo Cristo que

---

65   L. CHARDON, *La croce di Gesù*, 2° ed., ESD, Bolonia 2018, § 810

66   292

67   Cf. Supra, cap. 10

"actúa en sus sacramentos con el fin de comunicar la gracia que el sacramento significa. El Padre escucha siempre la oración de la Iglesia de su Hijo que, en la epíclesis[68] de cada sacramento, expresa su fe en el poder del Espíritu. Como el fuego transforma en sí todo lo que toca, así el Espíritu Santo transforma en vida divina lo que se somete a su poder"[69].

"Los sacramentos están ordenados a la santificación de los hombres, a la edificación del Cuerpo de Cristo y, en definitiva, a dar culto a Dios, pero, como signos, también tienen un fin instructivo. No sólo suponen la fe, también la fortalecen, la alimentan y la expresan con palabras y acciones; por eso se llaman sacramentos de la fe"[70].

Además, cada sacramento confiere a quien celebra y participa en él la gracia sacramental. Esta es:

"La Iglesia afirma que para los creyentes los sacramentos de la Nueva Alianza son necesarios para la salvación (cf. Concilio de Trento: DS 1604). La "gracia sacramental" es la gracia del Espíritu Santo dada por Cristo y propia de cada sacramento. El Espíritu cura y transforma a los que lo reciben conformándolos con el Hijo de Dios. El fruto de la vida sacramental consiste en que el Espíritu de adopción deifica (cf. 2 P 1,4) a los fieles uniéndolos vitalmente al Hijo único, el Salvador"[71].

---

68   Invocación al Espíritu Santo.
69   Catecismo de la Iglesia Católica, § 1127
70   Catecismo de la Iglesia Católica, § 1123
71   Catecismo de la Iglesia Católica, § 1129

Todas estas citas que acabamos de ver son citas del *Catecismo de la Iglesia Católica*. Carlo lo conocía muy bien, casi de memoria, y consiguió expresar su verdad con imagines muy eficaces.

El Espíritu de Cristo resucitado obra en los sacramentos y nos diviniza. Esta divinización no es una suerte de homologación de Cristo, no es una transformación que nos aplane a todos. Es una elevación de nuestras cualidades buenas y de nuestros carismas, de nuestras acciones y de nuestras virtudes hacia la vida divina sobrenatural. Siguen siendo cualidades y acciones nuestras y al mismo tiempo, formando parte de Dios, participan en la vida divina por la gracia. Esta elevación preserva la singularidad de nuestra persona y se completa de manera original, como San Agustín reconoce en la oración:

"Dios bueno y omnipotente, Tú cuidas de cada uno de nosotros como si fuera el único de quien cuidas y cuidas de todos como de cada uno"[72].

17. SER GRATOS A DIOS

"El Señor no estaría contento si yo reaccionase violentamente"[73].

Carlo era un niño muy extrovertido y comunicativo, pero también pacífico por naturaleza. Tan reflexivo y prudente que corría el riesgo de parecer un poco lento. No reaccionaba nunca a las provocaciones, ni siquiera cuando alguno

---

72 AGUSTÍN, *Confesiones, III*, 11, 19, NBA I, 76–77

73 294

de sus compañeros de guardería o de juegos le chinchaba o le pegaba. Su niñera, Beata, habría preferido que tuviese más carácter y reaccionase. Pero a pesar de la presión de Beata, Carlo le respondía con candor: "El Señor no estaría contento si yo reaccionase violentamente".

Moisés fue el hombre más dócil de la tierra, pero también pecó. A Carlo queremos imaginárnoslo como a Santa Teresa del Niño Jesús, la cual a propósito del pecado mortal nunca cometido dice de sí misma: "En su previsora misericordia, Dios ha preservado mi alma del pecado mortal"[74]. La misma misericordia de Dios volvió a Carlo así de dócil y pacífico desde la más tierna edad.

Todavía más interesante es advertir que el fin que atrae a Carlo desde que tenía 3 o 4 años es el de ser grato a Dios. Este deseo es, sobre todo, el confesado por el mismo Jesús: "*El que me envió está conmigo, no me ha dejado solo; porque yo hago siempre lo que le agrada* (Jn 8,29)".

Es una invitación recurrente en el Nuevo Testamento: "*Buscad lo que agrada al Señor*" (Ef 5,10; cf. 1 Cor 7,32; 2 Cor 5,9; 1 Tes 2,4; 4,1).

Es también objeto de las oraciones del apóstol Pablo: "*Por eso también nosotros, desde que nos enteramos, no dejamos de orar por vosotros y de pedir que consigáis un conocimiento perfecto de su voluntad con toda sabiduría e inteligencia espiritual. De esa manera vuestra conducta será digna del Señor, agradándole en todo; fructificando en toda obra buena, y creciendo en el conocimiento de Dios* (Col 1,9–10)".

---

74   TERESA DEL NIÑO JESÚS, *Consigli e ricordi, in ID., Opere complete,* Libreria Editrice Vaticana, Roma 1997, 54.

18. La autopista al cielo

"La Eucaristía es mi autopista al cielo"[75].

Los padres de Carlo hablan de esta frase. La consideran "su herencia más valiosa".

Es una metáfora muy eficaz, signo de su capacidad de intuir la esencia de nuestra fe y traducirla con imagines al alcance de todos.

La Eucaristía es fuente y culmen de la vida cristiana porque, como la unión de gracia, también la unión con la Eucaristía es "el inicio de la vida eterna. (...) El amor tiene prisa por contraer la unión que no debe acabar nunca. Él se hace pan, se hace vino y nos dice: "Yo soy alimento de las grandes almas: cree y come, porque tú no me transformarás en ti como haces con los alimentos de tu cuerpo, sino serás tú el que se transforme en mí""[76].

La Eucaristía nos transforma en aquel que recibimos. En el proceso de asimilación de los alimentos, nosotros, que somos el ser vivo superior, asimilamos lo que comemos –la pasta, la verdura, la carne o el pescado–, es decir, el alimento es reducido, triturado para ser en parte transformado y aprovechado por nuestro cuerpo. De manera parecida, cuando nos acercamos a la Eucaristía, Jesucristo en ella presente es el ser vivo superior, es el Señor de los vivos, y es Él quien nos asimila a Sí mismo. Nos vuelve concorpóreos y consanguíneos suyos. Justo por esto la Eu-

---

75 316

76 M.–V. BERBNARDOT, *Dall'Eucaristia alla Trinità*, 3º ed., ESD, Bolonia 2018, 36–37; el cual a su vez cita a AGUSTÍN, Confesiones, VII, 10, 16.

caristía facilita y agiliza a cada uno de nosotros alcanzar la meta, el paraíso.

Podemos acercar la metáfora de Carlo "autopista–Eucaristía" a una imagen usada por Tolkien, con el objetivo de ilustrar la importancia del pan eucarístico: "El *lembas* tenía una virtud sin la cual se habrían muerto ya desde hace tiempo. No satisfacía la gula y a veces la mente de Sam se llenaba de imágenes de comida y del deseo de simple carne y de pan. Sin embargo, aquel pan de viaje de los elfos tenía una potencia que aumentaba cuando los viajeros lo consumían solo, sin mezclarlo con otros alimentos. Nutría la voluntad y daba la fuerza para soportar y mantener en pie tendones, brazos y piernas más allá de la capacidad de los mortales"[77].

19. LA GRAN FORTUNA

"Mucha gente no comprende en profundidad el verdadero valor de la Santa Misa porque, si se diesen cuenta de la gran fortuna que tenemos de tener a Dios, que se da a nosotros en la Sagrada forma, irían todos los días a misa para participar en la celebración eucarística y renunciarían a muchas cosas superfluas"[78].

La madre de Carlo hace hincapié en esta reflexión.

El valor de la Misa consiste en el hecho de que quien participa en ella se vuelve presente, o mejor, contemporá-

---

77   J. R. R. TOLKIEN, *Il Signore degli agnelli*, Giunta–Bompiani, Florencia–Milán 2017, 1010.

78   316

neo, al misterio de la pasión, muerte, resurrección y glorificación de Jesús.

Mediante la celebración, compuesta de gestos y palabras, el Espíritu Santo conduce al fiel a tomar parte en la eficacia de la Pascua de Jesús, a gozar de los beneficios y de los frutos de la salvación. Pasión, muerte, resurrección y glorificación de Jesús son hechos históricos y, en cuanto eventos acaecidos, ya no son repetibles. Pero al mismo tiempo, son también hechos y acciones relativos a Cristo: "Todo lo que hizo y padeció por los hombres participa de la eternidad divina y domina así todos los tiempos y en ellos se mantiene permanentemente presente"[79].

Por tanto, bajo este aspecto somos eternos, permanecemos siempre. Mediante la liturgia de la Iglesia, mediante todos los sacramentos y especialmente en la Misa, somos llevados a la presencia de Cristo muerto y resucitado para encontrarlo y recibir el don por excelencia que es el Espíritu Santo.

20. MEDICINA DEL ALMA

"La Eucaristía es la medicina del alma por excelencia"[80].

Son Andrea Acutis y Antonia Salzano los que comentan entre los dos esta frase de Carlo.

Carlo recibe la primera comunión el 16 de junio de 1998, y desde entonces empieza a participar en la Misa todos

---

79 Catecismo de la Iglesia Católica, § 1085

80 299

los días, con el permiso de su director espiritual, don Ilio. Ellos cuentan que:

> "Estaba convencido de que gracias a la Eucaristía cotidiana las personas se santifican y fortifican rápidamente y corren menos peligro de caer en situaciones peligrosas que puedan perjudicar su salvación eterna. (...) Amaba las palabras de San Ignacio de Antioquía que definía la Eucaristía como "fármaco de inmortalidad""[81].

Beata Sperczynska –la canguro de Carlo de los tres a los seis años– recuerda:

> "No le gustaba no poder hacer la comunión cuando me veía caminar hacia al altar. (...) Sé que Carlo quiso hacer la comunión antes de la edad habitual, porque la deseaba ardientemente. Él quería ser como aquella Comunión que recibía: convencido que solo si se es digno y puro se puede estar en comunión con Jesús"[82].

También la abuela materna, Luana, se acuerda de que Carlo:

> "Decía siempre que la Comunión es la medicina más potente del alma. De hecho, siempre he pensado que su carisma le venía justo de esto, de tomar la Comunión todos los días"[83].

---

81 299. Se trata de IGNACIO DE ANTIOQUÍA, *Carta a los Efesios*, 20,2

82 151, §§ 94 y 97

83 278

"Eucaristía medicina del alma" recuerda a un fragmento de una carta que Tolkien escribe a su hijo, Michael George, que buscaba consolación:

> "La única cura para una fe con dudas es la Comunión. Aunque siempre él mismo, perfecto, completo e inviolado, el Santísimo Sacramento no obra completamente y una vez por todas en cada uno de nosotros. Como el acto de fe, debe ser continuo y crecer con una práctica regular. La frecuencia es la clave."[84]

21. Jesús, entra y toma asiento

"Jesús, siéntate, estás en tu casa"[85].

Esta era una de sus oraciones preferidas hecha por él, y así lo testimonian sus padres.

Si lo confrontamos con un examen formal y riguroso nos mostraría algunas incongruencias. Pero lo que más importa es que revela la fe substancial de Carlo, su familiaridad con Jesús, porque esas son las palabras que cada uno de nosotros decimos habitualmente a un pariente querido o a un amigo cercano.

Esta expresión encuentra una explicación en un comentario que Carlo hacía a propósito de la encarnación:

---

84   J. R. R. TOLKIEN, *Lettere 250*, in Id., *Lettere 1914–1973*, Giunti–Bompiani, Florencia–Milán 2017, 573

85   297

"Él, que es Dios, ha elegido un pobre pesebre en Belén, porque había sido rechazado por todos. Yo, con la ayuda de la Eucaristía, espero recibirle mejor"[86].

"Pasa, por favor" es la respuesta más natural a la voz del *testigo fiel y veraz, el principio de la creación de Dios* (Ap 3,14), es decir, de Jesús, que en Ap 3,20 dice: *Mira, estoy de pie a la puerta y llamo. Si alguien escucha mi voz y abre la puerta, entraré en su casa y cenaré con él y él conmigo.*

22. SIEMPRE UNIDO A JESÚS

"Mi programa de vida es estar siempre unido a Jesús"[87].

Carlo dijo esto algunos días después de haber recibido la Primera Comunión, en junio de 1998, es decir, con siete años recién cumplidos. Carlo revela aquí una capacidad de penetrar en la esencia de lo que creemos.

En la última gran oración que Jesús dirige al Padre, la así llamada oración sacerdotal, es recurrente el tema de la unidad: *Padre santo, guárdalos en tu nombre, a los que me has dado, para que sean uno, como nosotros* (Jn 17,11). *No solo por ellos ruego, sino también por los que crean en mí por la palabra de ellos, para que todos sean uno, como tú, Padre, en mí, y yo en ti, que ellos también sean uno en nosotros* (Jn 17,20–22).

---

86 317

87 293

Rudolf Schnackenburg sugiere leer estos versículos en paralelo con Jn 13,34 ya que presentan la misma construcción, una homogeneidad lingüística y también una afinidad de contenido. Unidad y amor fraterno son "como las dos caras de una misma moneda: al mandamiento del amor fraterno conforme al amor realizado por Jesús corresponde la oración por la unidad fraterna conforme a la unidad existente entre Jesús y el Padre"[88]. La unidad –por la cual Jesús reza al Padre y que encomienda a sus discípulos– se cumple y manifiesta en el amor mutuo.

Además, la unidad entre Padre e Hijo no es simplemente el modelo ejemplar de unión entre nosotros y Jesús y de la unión entre los discípulos, sino que es la causa fundamental de cualquier unidad y unión. En todos los casos la unidad y la unión tienen una relación muy estrecha con el amor. He aquí porqué la unidad entre Padre e Hijo da origen al Espíritu Santo que es el Amor divino. He aquí porqué la unidad entre Padre e Hijo mediante el Espíritu Santo es comunicada a los discípulos en la gracia santificante y en la caridad. O también porqué la unión del discípulo con el Hijo es un efecto de su amor divino y se manifiesta también en la oración, en la adoración de Dios y en la caridad fraterna.

Por tanto, el discípulo expresa de manera auténtica su unión con Cristo cuando vive el amor fraterno con los otros discípulos[89]. No hay objetivo más alto. Todas las iniciativas

---

88 R. SCHACKENBURG, *Il Vangelio di Giovanni*, Parte terza, Paideia, Brescia 1981, 304–305

89 Cf. X. LÉON–DUFOUR, *Lettura dell'Evangelio secondo Giovanni*, cit., vol. 3, 388

de la Iglesia, todas nuestras acciones virtuosas, toda nuestra vida y todos los sacramentos están orientados a realizar esta unión. Carlo no sólo lo ha entendido, sino que lo ha interiorizado y lo ha vivido de forma concreta.

23. MIS ÁNGELES DE LA GUARDA

"Mis ángeles de la guarda en la tierra"[90]

Carlo llamaba así a las monjas eremitas de San Ambrosio. En su monasterio de Perego había recibido la primera comunión, y siempre tenía muchas ganas de visitarlas. Tejió con ellas lazos de amistad y se confiaba siempre a sus oraciones. Estaba fascinado por la vida contemplativa.

También en Umbría solía pedir oraciones y hablar con las Clarisas de Spello. Una monja le había enseñado una jaculatoria: "Heridas de Jesús, bocas de amor y de misericordia para nosotros, hablad de nosotros al Divino Padre y aseguradnos una íntima transformación". Carlo empezó a decirla a menudo y reconocía que esta jaculatoria lo ayudaba a estar orientado a Dios en cada momento de su día.

Esta jaculatoria retoma las palabras del profeta Isaías *sus cicatrices nos curaron* (Is 53,5) y las asocia con la misericordia y con el amor de Cristo por nosotros. Encontramos algo parecido en un admirable discurso de san Bernardo sobre el Cantar de los Cantares: "¿Dónde podrán encontrar los débiles seguridad y tranquilidad, sino en las llagas

90 297

del Salvador? En ellas habito seguro, tanto más porque sé que él puede salvarme. Se sacude el mundo, me oprime el cuerpo, el diablo me tiende asechanzas; pero yo no caigo, porque estoy cimentado sobre roca firme. Cometí un gran pecado, se me turbará la conciencia, pero no perderé la paz acordándome de las llagas del Salvador. Él, en efecto, *ha sido herido por nuestras rebeldías* (Is 53,5) (...). Cuanto me falta, lo tomo con confianza del corazón del Señor, porque está lleno de misericordia, y no faltan en él las fuentes por las que brota la Gracia. Han traspasado sus manos y pies y atravesado el pecho con la lanza; y por estas heridas puedo alimentarme *con miel silvestre, con aceite de rocas de pedernal* (Dt 32,13), esto es, gustar y experimentar cuán bueno es el Señor (cf. Sal 33, 9)[91].

24. YO TAMBIÉN VOY A MISA

"Yo también voy a misa"[92].

Elisa –una maestra de extraescolares que tres veces a la semana iba a casa de Carlo para ayudarlo a hacer los deberes durante primaria– cuenta que, cuando la madre se preparaba para salir de casa e ir a misa, Carlo por su propia voluntad, interrumpía los juegos con los que estaba y decía: "Yo también voy a misa".

---

91 BERNARDO DE CLARAVAL, *Discorso sul Cantico dei Cantici*, 61, 3, in ID., *Opera Omnia*, Editiones Cistercenses, Roma 1958, II, 150

92 147

El amor por la Eucaristía caracteriza a Carlo desde pequeño: Sidi Perin —su padrino de confirmación— testimonia que desde que conoció a Carlo, que tenía entonces poco más de cinco años, ya solía participar en la misa diaria[93].

También Mattia, un amigo de la misma edad de Carlo hasta los siete años, recuerda: "Iba a Misa todos los días y de vez en cuando iba solo si su madre no podía. Iba por su propio pie y nos animaba a hacerlo a nosotros. Una fe así no la he visto jamás en ningún otro, y menos todavía en algún otro joven. También nos animaba a nosotros a ir a misa y a hacer la Comunión, ya que era "un modo de estar más cerca" de Dios. ¡Para un chaval así eso era estar años luz delante de nosotros! Hubo un tiempo en que pensaba que iba a misa por voluntad de su madre, pero después entendí y me convencí que era una elección personal, algo que deseaba hacer en libertad y desde el corazón"[94].

La abuela materna, Luana Pennino, recuerda que "en nuestros viajes, nada más llegar a un lugar extranjero, buscaba en Internet donde había una Iglesia y los horarios de la Misa para no perdérsela. Le importaba muchísimo"[95].

Quien ha conocido de cerca a Carlo ha sido contagiado de su amor a la Eucaristía y a la participación en la misa. Es más, la abuela materna reconoce que: "Fue Carlo, en un cierto sentido, quien hizo madurar mi fe, que antes era más "fría". Él quería ir siempre a misa y, para darle ejemplo,

---

93 Cf. 185. También Debora Zauli, prima de Antonia Salzano, recuerda "iba a Misa todos los días y no estaba obligado a ir, pero iba con mucha naturalidad": 223

94 253; cf. También 254

95 272

debía hacer de "abuela buena" y por eso lo acompañaba. De esta manera me volví a acercar a la Iglesia."[96].

También Elisa —su maestra de extraescolares a la que ya hemos mencionado— nos cuenta que: "Participaba en la misa con devoción y hacía la Comunión con recogimiento. Su mismo ejemplo me volvió a acercar a la fe y a la oración"[97].

Y la prima de Antonia Salzano, Debora Zauli, recuerda "lo sensible que era al hecho de que mi familia no fuese muy practicante y por eso insistía que participásemos en la misa y rezásemos. Sin duda me volvió a acercar tanto a mí como a toda mi familia a la práctica cristiana"[98].

25. Personas completas, hechas a su imagen

"Las virtudes se adquieren principalmente a través de una intensa vida sacramental y la Eucaristía es seguramente el culmen de la caridad. A través de este Sacramento, el Señor nos hace volvernos personas completas, hechas a su imagen"[99].

El mayordomo de la casa de los Acutis desde diciembre del 1995, Rajesh, es testigo de estas palabras de Carlo. En el mismo contexto, Rajesh recuerda que Carlo le citaba de memoria algunos pasajes del discurso del pan de vida de

---

96 268
97 147
98 223
99 171

Jn 6,54–56: *El que come mi carne y bebe mi sangre tiene vida eterna, y yo lo resucitaré en el último día. Mi carne es verdadera comida, y mi sangre es verdadera bebida. El que come mi carne y bebe mi sangre habita en mí y yo en él.*

Habita en mí y yo en él: uno de los efectos de la Eucaristía es el de realizar la comunión de vida entre Dios y el creyente, la mutua semejanza entre Dios y nosotros, que es toda en ventaja nuestra. Los méritos, la virtud, el amor de caridad y sobre todo el Espíritu de Cristo –que es lo mismo que el Espíritu Santo– se vuelven cosa nuestra. No dejamos de ser personas humanas, pero es Dios que, permaneciendo en nosotros, nos vuelve completos, es decir, perfectos en la caridad.

26. La Eucaristía es el corazón de Cristo

"La Eucaristía es el corazón de Cristo"[100].

Es también Rajesh quien nos habla de estas palabras de Carlo.

Ya hemos visto que todas las acciones litúrgicas de la Iglesia nos vuelven contemporáneos a Cristo: en los sacramentos es Cristo resucitado quien viene a nosotros, nos encuentra, nos perdona, nos habla, se ofrece por nosotros y entra en comunión con nosotros.

La Eucaristía nos vuelve contemporáneos a la pasión, muerte, resurrección y glorificación de Jesús. Son los mis-

---

100 171

terios de su Pascua. En ellos Jesús manifiesta y cumple la voluntad de amor hacia el Padre y hacia cada persona humana de cualquier época y latitud. Por esto, la Eucaristía se llama también el sacramento de la Caridad.

Además, Jesús, entregando la Eucaristía a sus discípulos, dice: *Esto es mi cuerpo, que se entrega por vosotros* (Lc 22,19; 1 Cor 11,23). También, antes de la Pasión, refiriéndose a ella, Jesús había dicho: *Nadie me quita la vida, sino que yo la entrego libremente. Tengo poder para entregarla y tengo poder para recuperarla* (Jn 10,18). *Habiendo amado a los suyos que estaban en el mundo, los amó hasta el extremo* (Jn 13,1), así se abre la segunda parte del Evangelio según san Juan, que trata de la última cena, del discurso de adiós y de los hechos de su pascua. *Los amó hasta el final* es la clave de la lectura de estos hechos, y también de los sacramentos, que en cierto modo nos hacen contemporáneos de sus efectos mismos. Celebrando y participando de la Eucaristía nos colocamos en presencia de Jesús, que *nos amó hasta el final* y hoy lo sigue haciendo. La Eucaristía cumple está auto–donación de Jesús y es justo este sublime amor de caridad el que permite a Jesús transformar la muerte infame de la cruz en un acto libre que trae la salvación a la humanidad[101].

En los viajes en coche, Carlo y su madre solían escuchar las catequesis sobre los sacramentos dadas por mi hermano, el padre Roberto Coggi, especialmente aquellas sobre la Eucaristía. Quedaron fascinados hasta tal punto que organizaron la transcripción de las conferencias para obtener

---

101   Cf. J. RATZINGER XVI, *Gesú di Nazaret. Dall'ingresso in Gerusalemme fino alla risurrezione*, cit. , 148–149

66

un libro útil: *Dialogo sobre la Eucaristía. Encontrar, conocer, amar a Jesús "pan de vida"* [102]. En este texto, el padre Coggi, justo comentando *los amó hasta el final* (Jn 13,1), escribe: "Es decir, hasta los más alejados confines del amor. Está claro que con este versículo el evangelista alude a la institución de la Eucaristía. Nos habla de manera "espiritual", según su estilo, y así completa a los otros evangelistas, haciéndonos penetrar en lo íntimo del misterio. La Eucaristía es, por lo tanto, un misterio de amor."

En el lenguaje común, el corazón se entiende a menudo como sede de los afectos y del amor más genuino. Por esto Carlo enlaza la Eucaristía, que es el sacramento de la caridad de Jesús, al corazón.

27. AUMENTAREMOS NUESTRA CAPACIDAD DE AMAR

"Jesús es el Amor, y cuanto más nos nutramos de él a través de la Eucaristía –donde se hace comida y bebida por nosotros, dándonos realmente su Cuerpo, su Sangre, su Alma y Divinidad–, más crecerá nuestra capacidad de amar" [103].

Se trata de una frase recogida de la declaración conjunta de los padres de Carlo.

Esta máxima evoca en su contenido el pasaje de Jn 6,57: *Como el Padre que vive me ha enviado, y yo vivo por el Padre, así, del mismo modo, el que me come vivirá por mí.* Quien come

---

102   Editado por Edizioni Stuido Domenicano, Bolonia 1997

103   291

la Eucaristía recibe en su existencia la capacidad de participar en la relación de amor existente entre el Padre y el Hijo.

Me atrevo a explicar Jn 6, 57 en estos términos: el Padre, que es el origen de cualquier bien vital, genera en la eternidad al Verbo. El Verbo está en completa relación con el Padre. Y, por consiguiente, quien se nutra de la Eucaristía, será completamente orientado hacia Cristo y –como y porque Cristo lo está hacia el Padre– mediante Cristo será orientado también hacia el Padre. "La relación Padre–Hijo genera la relación Hijo–creyente. (…) Esto significa que cada vida, teniendo su origen en el Padre que es un ser vivo, puede existir únicamente en la comunión con Él, sea en el Hijo o en el creyente. Es esta "morada" la que de ahora en adelante exprime la relación Padre–Hijo y la relación Hijo–creyente"[104].

Así Dios mismo aumenta nuestra capacidad de vivir la caridad. Sólo Dios puede aumentarla. Yo no puedo, porque la caridad es una realidad divina, sobrenatural. Yo solo podré estar dispuesto a ello, participar en la Misa todos los días significa justo estar dispuesto, ser orientado hacia Cristo y hacia el Padre.

Además, hay que recordar que en la celebración de la Misa la oración eucarística contiene dos epíclesis, es decir, el sacerdote reza al Padre dos veces para que mande el Espíritu Santo. La primera vez, sobre el pan y el vino para que se vuelvan el Cuerpo y la Sangre de Cristo. Una segunda vez sobre los que participan en la misa, para que también sean transformados, es decir, para que sean un solo

---

104   X. LEON–DUFOUR, *Lettura dell'Evangelio secondo Giovannil*, cit., vol. 2, 218

cuerpo y un solo espíritu: "fortalecidos con el Cuerpo y la Sangre de tu Hijo y llenos de su Espíritu Santo, formemos en Cristo un solo cuerpo y un solo espíritu"[105]. Por tanto, la segunda invocación del Espíritu, la que se imparte sobre los participantes, tiene como consecuencia el objetivo de constituirnos cada vez más en Cuerpo vivo de Cristo día tras día, animado por su Espíritu de amor.

Las frases que hemos recordado de Carlo sacan a la luz su gran penetración del misterio eucarístico. Es una penetración que no nace del estudio de la teología, es sólo un niño o un joven. Nace más bien del amor con que Carlo corresponde a Cristo, del intercambio de amor: Cristo, amándolo, le regala el Espíritu Santo y este lo *guía a toda la verdad* (cf. Jn 14,25–26), sin fatiga ni esfuerzo lo introduce en el misterio divino.

La Eucaristía se ha asociado también con una especie de trasplante de corazón: nos da la misma capacidad de amar que Cristo, nos regala su Espíritu de amor.

28. SOMOS DISCÍPULOS PREDILECTOS

"Dios crea a todos los hombres potencialmente santos, depende de nosotros poner en práctica el diseño único e irrepetible que Dios tiene pensado desde siempre para cada

---

105   MISAL ROMANO, *Plegaria Eucarísitica III*, 113. Son también parecidas las palabras de la *Plegaria Eucarísitica II*: "Te pedimos humildemente que el Espíritu Santo congregue en la unidad a cuantos participamos del Cuerpo y Sangre de Cristo" 126

uno de nosotros. Todos estamos llamados a ser discípulos predilectos como Juan, unidos a su corazón eucarístico"[106].

Los padres informan de esta frase en su declaración conjunta. Carlo siempre estuvo muy fascinado por san Juan, el discípulo predilecto de Jesús, que en la última cena puso la cabeza sobre su pecho (cf. Jn 13, 25).

Carlo da por descontada la interpretación de los Padres de la Iglesia que identifican al discípulo amado con el apóstol Juan. Hoy esta afirmación no cuenta con grandes defensores. Uno de los mayores estudiosos de este tema, Rudolf Schnackenburg, al final de un amplio y documentado *excursus*, concluye que "históricamente fundada y concordante con la evidencia interna del Evangelio de Juan" es la opinión según la cual "el discípulo amado –que en la redacción se identifica con un discípulo del Señor muy anciano– puede ser uno de aquellos venerables testimonios de los tiempos de Jesús que la comunidad joánica celebra como su garante, depositario de tradición e intérprete de los actos y palabras de Jesús"[107].

Sin embargo, para Carlo, la cuestión decisiva no era esta. En el discípulo amado y en su gesto de reclinar la cabeza en el pecho de Jesús, Carlo veía un claro mensaje dirigido a todos: "llegar a ser discípulos amados auténticos, es decir, como recuerdan los padres: "amigos cercanos íntimos de Cristo". Carlo da predilección a la interpretación mística, según la cual el discípulo amado "es y representa

---

106   314

107   R. SCHNACKENBURG, *Il Vangelo di Giovanni*, Parte Terza, Paideia, Brescia 1981, 623–644; cito aquí 641–642

el discípulo perfecto en la fe, convertido en amigo íntimo de Jesús"[108]. Además, el hecho de que el discípulo amado permanezca anónimo en la narración evangélica, pretende dar a entender que cada uno de nosotros puede identificarse con él. De hecho, ¿cuál es el discípulo leal y sincero que no sea amado por Jesús, Maestro y Señor?

Además, Juan revela dos veces la posición del discípulo amado. Esta anotación es intencional y es a imagen y semejanza de la relación del Hijo, que está completamente vuelto hacia el Padre: Jn 1, 18 usa la preposición *prós*, que significa "una relación única y permanente"[109], mientras que Jn 13, 23 usa la preposición *én* "como si tal posición fuese momentánea"[110]. El discípulo amado mantiene con Cristo una relación que recuerda y es causada por la relación de Cristo hacia el Padre: el discípulo amado es hijo de Dios, partícipe de la misma vida divina justo porque forma parte dentro de esta relación.

Finalmente, y recordando que Carlo identifica el Corazón de Jesús con la Eucaristía, reclinar la cabeza sobre el Corazón de Jesús significa ser íntimos amigos de Cristo a través de una intensa vida eucarística[111].

---

108   X. LÉON–DUFOUR, *Lettura dell'Evangelo secondo Giovanni*, cit., vol. 3, 58

109   *Ibidem, nota 66*

110   *Ibidem*

111   Cf. 314

29. Danos hoy también la Eucaristía de cada día

"Jesucristo se encarnó para venirnos a salvar tanto del pecado original heredado de nuestros, padres como de los nuestros. Cada día, sin embargo, pecamos involuntariamente, porque por desgracia somos muy limitados y la Eucaristía no es otra cosa que nuestro alimento celeste para evitar caer tan a menudo en la tentación. Cuando en el Padre Nuestro se dice: *Danos hoy nuestro pan de cada día, Jesús quería decir "Danos hoy también la Eucaristía de cada día""*[112].

¡Qué abismo de riqueza, de sabiduría y de conocimiento el de Dios! (Rm 11,33) ¿Quién o qué puede conducir a un muchacho a consideraciones de este género? ¿Está repitiendo de manera mecánica frases hechas y escuchadas? Quienes nos recuerdan su frase atestiguan que tenía una óptima memoria, pero que estaba a años luz de ser estereotipado o artificioso. Más bien todos parecen recordar de él su agudeza mental, su originalidad, su curiosidad leyendo y la vivacidad de su fantasía.

Tampoco tenemos dificultad en reconocer en Carlo el resultado de las acciones de los dones del Espíritu Santo. En particular el don del intelecto –que nos permite entrar como por intuición en la verdad de Dios– y de la sabiduría– que nos permite saborear, gustar y disfrutar de Dios mismo–. Estos dones son el origen del entusiasmo y de la originalidad de Carlo.

"Danos hoy también la Eucaristía de cada día": En un chiste Carlo concentra la enseñanza de algunos antiguos

---

112   317 y 523

escritores y padres de la Iglesia que comentan la expresión del *Padre nuestro* (Mt 6, 11) *pan de cada día*, y que traducen del adjetivo griego *epioúsios*.

Orígenes traduce *epioúsios* con "substancial". Así pues, enseña también que es "el pan verdadero, el que alimenta al hombre verdadero, hecho a imagen y semejanza de Dios y quien se nutre con él llega a ser incluso similar al Creador. Para el alma, ¿qué hay más nutritivo que el Verbo? Para la mente que la recibe, ¿qué hay más preciado que la sabiduría de Dios? ¿Qué tiene mayor afinidad con la naturaleza racional sino la verdad?"[113].

San Cipriano, comentando el *Padre nuestro*, escribe: "Cristo es el pan de la vida y este pan no es de todos, sino sólo nuestro. Tal como decimos Padre nuestro, puesto que es el padre de aquellos que entienden y creen; así nosotros lo llamamos pan nuestro, porque Cristo es el pan de los que nos alimentamos de su cuerpo. Pidamos que nos sea concedido este pan cada día, porque nosotros, que estamos en Cristo y recibimos a diario su eucaristía como alimento de salvación, no seamos separados del cuerpo de Cristo en caso en el que se interponga un pecado grave y, por tanto, privados de la comunión, nos fuese vetado el pan celestial, respecto al cual él así predica: *Yo soy el pan vivo que ha bajado del cielo; el que coma de este pan vivirá para siempre. Y el pan que yo daré es mi carne por la vida del mundo* (Jn 6, 51). (...) Por esto pedimos que nos sea dado nuestro pan de cada día, es decir, Cristo; para que

113 ORÍGENES, *La preghiera*, 27, 1–2, trad. It. De N. Antoniono, Città Nuova, Roma 1997, 130–131

habitando y viviendo en Él no nos alejemos de su santificación y de su cuerpo"[114].

Finalmente, san Girolamo interpreta *epioúsios* en el sentido de que se trata de un "pan que está por encima de toda sustancia, que supera toda cosa creada"[115].

30. ALLÍ ESTÁ EL SEÑOR

"Allí está el Señor"[116]

Varias personas testimonian que Carlo, yendo a la Iglesia a rezar delante del Santísimo, se ponía de rodillas entre los primeros bancos e indicando al sagrario a quien lo acompañaba –Rajesh, su madre, María, o quizás su sobrino Ronnie, de la misma edad de Carlo– decía con gran simplicidad "allí está el Señor".

"En la Eucaristía Jesús está realmente presente y no es un símbolo"[117]: algunos días después de la Primera Comunión, Sidi Perin, el padrino de confirmación de Carlo, le hace la siguiente pregunta: "¿Según tú la Ostia después de la consagración es sólo un símbolo que nos permite recordar a Jesús en la Última Cena?". Carlo responde: "En la Eucaristía Jesús está realmente presente con su Cuerpo, su Sangre, su Alma y con su Divinidad; y no es un símbolo". Sidi Perin le replicó

---

114   CIPRIANO, *Il Padre nostro*, 18, CCSL 3A, 101–102, trad. personal

115   GIROLAMO, *Commento a Matteo*, I, 6, 11, trad. It. de S. Aliquò, Città Nuova, Roma 1969, 51

116   167. Cf. 337; 340

117   353 y 532. Es el testimonio de Antonia Salzano el que permite datar este episodio: 32

de inmediato: "Pero cuando tu comes la Ostia consagrada tiene el mismo sabor, el mismo olor, el mismo color, ¿cómo puede ser el Cuerpo, la Sangre, el Alma y la Divinidad de Jesús?". Entonces, Carlo comienza a explicar la verdad de la transubstanciación: "La substancia de la ostia antes de la consagración es la substancia del pan, pero después de la consagración se convierte en la substancia del Cuerpo, de la Sangre, del Alma y de la Divinidad de Jesucristo. Los atributos del pan permanecen igual después de la consagración por lo que su sabor, su olor y su color no cambian". Al final, Sidi pregunta: "Pero ¿qué es la substancia?". Carlo responde: "La esencia más profunda".

31. JERUSALÉN ESTÁ DEBAJO DE CASA

"Jerusalén está debajo de casa"[118].

Tanto Rajesh como Antonia recuerdan estas palabras: "Nosotros somos más afortunados que los que vivieron hace dos mil años junto a Jesús, porque ellos para encontrarlo y estar a su lado debían andar de un lado para otro todo el rato; mientras que nosotros tenemos a Jesús siempre con nosotros. Basta con bajar debajo de casa a la iglesia más cercana. Tenemos Jerusalén debajo de casa"[119].

Una vez su padre le preguntó si quería participar en una peregrinación a Tierra Santa organizada por algunos amigos

---

118 168

119 316

sacerdotes. La respuesta de Carlo le dejó sin respiración: "Prefiero permanecer en Milán porque aquí hay muchos tabernáculos en las iglesias donde puedo encontrar a Jesús en cualquier momento y por eso no tengo la necesidad de ir a Jerusalén. Si Jesús se queda siempre con nosotros, en cualquier lugar que haya una Ostia consagrada, ¿qué necesidad hay de hacer el peregrinaje a Jerusalén para visitar los lugares donde Jesús vivió hace dos mil años? Entonces los tabernáculos deberían ser visitados con la misma devoción"[120].

32. VERDADERA BELLEZA

"¿Por qué los hombres se preocupan tanto de la belleza física, pero no se preocupan de la belleza de su alma? La belleza del cuerpo es como la de una rosa, dura poco y está destinada a marchitarse en seguida". Es Antonia Salzano la que comenta esta frase de Carlo[121].

Carlo comparaba la belleza exterior con un castillo de arena construido en la playa: nada más llegar la primera ola es destruido y queda sólo un poco de arena, mientras que la belleza espiritual permanece para siempre. La belleza espiritual consiste en actos virtuosos, en obras de fe, esperanza y, sobre todo, en la caridad hacia Dios y hacia nuestro prójimo. Se alimenta de la oración constante y confiada.

120   316. Cf. 317 y 524. 168

121   Antoia SALZANO – Andrea ACUTIS, *Trasmettere la fede alla scuola di nostro figlio Carlo*, ESD, BOLOGNA 2023, 137

Carlo también decía: "Todos los esfuerzos para permanecer siempre estéticamente jóvenes y guapos son totalmente inútiles. Al final todo pasa... Lo que verdaderamente nos hará hermosos a los ojos de Dios será sólo la manera con la que lo hayamos amado y como hayamos amado a nuestros hermanos".

33. FILAS Y FILAS

"Se hacen filas interminables para ver conciertos de rock o ir a ver un partido de fútbol y no se piensa nunca en hacer una fila delante del Santísimo Sacramento"[122].

La ironía de Carlo es dramáticamente verdadera. Se fundamenta sobre la fe en la presencia real de Cristo en el Sacramento. Está fascinado por la claridad con la que el padre Coggi habla de este misterio: "Misterio no es aquello que nosotros no podemos contemplar de ningún modo, sino aquello que permanece siempre más allá de nuestra comprensión parcial. El misterio es aquello en lo que no terminamos jamás de sumergirnos. Querer sumergirse en el misterio a sabiendas de que permanecerá siempre siendo incomprensible es también un símbolo de amor. La investigación teológica nace del amor mediante la verdad que la fe propone. (...) En la Eucaristía está presente el mismo cuerpo que está en el cielo, no otro cuerpo igual. El cuerpo del Señor no viene reproducido de ninguna manera, sino

---

122   316 y cf. 524

que sólo se vuelve presente. Ese cuerpo del Señor que está en el tabernáculo es ese mismo que está en el cielo. Toda distancia es eliminada"[123].

El Catecismo de la Iglesia Católica −que Carlo conocía muy bien enseña que: "En el Santísimo Sacramento de la Eucaristía están contenidos *verdadera, real y substancialmente* el Cuerpo y la Sangre junto con el alma y la divinidad de nuestro Señor Jesucristo, y, por consiguiente, Cristo entero. Esta presencia se denomina "real", no a título exclusivo, como si las otras presencias no fuesen "reales", sino por excelencia, porque es *substancial*, y por ella Cristo, Dios y hombre, se hace totalmente presente"[124].

Es el paraíso en la tierra.

34. SACRIFICIO INCRUENTO

"Aquel sacrificio de la cruz ocurrido hace dos mil años se representa de manera incruenta en todas las misas que se celebran cada día. Como Juan, también nosotros podemos asociarnos a ese mismo sacrificio de la cruz y demostrar así nuestro amor a Dios participando cada día en la Santa Misa. No podemos ignorar la invitación de Jesús a unirnos a Él"[125].

---

123 R. COGGI, *Dialogo sull'Eucaristia. Incontrare, conoscere, amare Gesù "pane della vita"*, ESD, Bolonia 1997, 26–27

124 § 1374

125 314

Son los padres de Carlo los que informan de esta reflexión suya en su declaración conjunta.

Durante la última cena y en el Calvario, Jesús completa la nueva liturgia de la expiación y la liturgia de la nueva alianza. "Jesús mismo es el sacerdote mandado al mundo por el Padre; Él mismo es el sacrificio que se vuelve presente en la Eucaristía de todos los tiempos"[126].

Las palabras de Carlo son la interiorización de cuánto enseña el *Catecismo de la Iglesia Católica* de manera sintética: "Por ser memorial de la Pascua de Cristo, la Eucaristía es también un sacrificio. El carácter sacrificial de la Eucaristía se manifiesta en las palabras mismas de la institución: "Esto es mi Cuerpo que será entregado por vosotros" y "Esta copa es la nueva Alianza en mi sangre, que será derramada por vosotros" (Lc 22,19–20). En la Eucaristía, Cristo da el mismo cuerpo que por nosotros entregó en la cruz, y la sangre misma que "derramó por muchos (...) para remisión de los pecados" (Mt 26,28)"[127].

Se trata siempre de un único sacrificio, el del Calvario, que hoy se vuelve presente en la Eucaristía. Marie–Vincent Bernardot escribe una página sublime:

"La misma liturgia que se reproduce en medio de nosotros sobre el altar: el mismo sacerdocio, el mismo sacerdote, la misma víctima, la misma inmolación, el mismo fin que alcanzar. Cambia sólo la forma externa: la Iglesia triunfante

---

126 J. RATZINGER–BENEDETTO XVI, *Gesí di Nazaret. Dall'ingresso in Gerusalemme fino alla risurrezione*, cit., 104

127 § 1365

celebra el sacrificio en la visión, la Iglesia militante en la fe. Pero no es más que una única liturgia. Un concierto maravilloso se eleva cada hora hacia el trono del Omnipotente para bendecirlo, exaltarlo, glorificarlo por medio del Cordero que se inmola; innumerables voces de la inmensa multitud de los redimidos que se alzan de todas las partes de la tierra y del cielo. Pero todas estas voces no forman más que un único concierto, cantan la única alabanza y celebran la única liturgia. He aquí por qué Dios ofreció su sacrificio en el Calvario y por qué lo perpetuó por medio de la Eucaristía: para que *la alabanza de gloria* ascienda continuamente hacia Dios. Este es también el fin último de la comunión eucarística"[128].

35. LA CONSAGRACIÓN

"El momento decisivo para pedirle al Señor las gracias es el de la consagración, durante la celebración eucarística, cuando el Señor Jesucristo se ofrece al Padre. ¿Quién mejor que Dios que se ofrece a Dios puede interceder por nosotros?"[129].

En su declaración, los padres de Carlo hablan sobre esto.

La consagración corresponde a la oración eucarística. Desde este momento "comienza en el momento de la consagración y dura todo el tiempo que subsistan las especies eucarísticas"[130]. Además, la oración eucarística es para todos,

---

128   M.–V. BERNARDOT, *Dall'Eucarisita alla Trinità*, 3ª ed., ESD, Bolonia 2018, 107

129   316

130   *Catecismo de la Iglesia Católica*, § 1377

el sacrificio eucarístico es útil a todo el mundo: "Toda la Iglesia se une a la ofrenda y a la intercesión de Cristo"[131].

Si prestamos atención al contenido de las diversas oraciones eucarísticas, podemos notar que, en cada celebración de la misa, la Eucaristía se ofrece por el papa, el obispo local, los presbíteros, los diáconos, el pueblo de los laicos, los vivos y difuntos, los hijos de Dios y de los hombres donde quiera que estén. En una palabra: nadie está excluido. Cristo, y la Iglesia, su esposa, desean atraer a cada uno de nosotros al Padre. Por esto "el momento decisivo para pedirle al Señor las Gracias es el de la consagración".

36. Jesús es muy original

"Jesús es muy original, porque se esconde en un trocito de pan, y sólo Dios podía hacer una cosa así de increíble"[132].

Esta es otra reflexión de Carlo contada por sus padres.

La encarnación del Verbo y de los sacramentos, que prolongan la eficacia de este en el curso de la historia, son un símbolo de la condescendencia de Dios para con nosotros: *El cual, siendo de condición divina, no retuvo ávidamente el ser igual a Dios; al contrario, se despojó de sí mismo tomando la condición de esclavo, hecho semejante a los hombres* (Fil 2, 6–7).

Dios, en su amor, se nos acerca y se revela sin atemorizarnos con su omnipotencia, se adapta a nuestra medida y a nuestra condición "rebajando la grandeza infinita de su Divinidad a

131   *Ibidem*, § 1369

132   316

fin de adaptarse a la pequeñez de nuestra condición mortal"[133]. Toda la omnipotencia divina toma como medida nuestra condición humana para que ninguno de nosotros se sienta jamás aplastado o atemorizado, sino siempre acogido y amado.

> "La acción del amor divino, a pesar de ser sobrenatural, no se completa nunca en esta vida sino mediante una suerte de medida y graduación proporcionada a la condición de nuestro estado presente. Por eso, Dios nos muestra sus efectos poco a poco y por grados. De hecho, si Dios quisiese acelerar este maravilloso cumplimiento realizándolo todo de golpe con más liberalidad y con más abundancia, sin tener en cuenta al mundo, de la forma y del orden conveniente para atraer el espíritu hacia sí; entonces, para este espíritu sería imposible soportar las altas cotas de la efusión divina. Por ello, durante esta acción sublime en la cual el amor divino, como un fuego penetrante, parece consumir y destruir todo lo íntimo, el espíritu que ama es obligado a invocar con un ardor impaciente a este potente amor y a suplicarle que ponga fin a su languidez, transformándolo de inmediato en el abismo inmenso de sus purísimas llamas"[134].

Es una condescendencia total que vuelve al hombre rico. También en la Eucaristía la condescendencia de Dios usa el pan y el vino, la palabra y el ser reunidos en comunidad, que son aspectos comunes de la vida humana, justo para enriquecernos con su misma vida divina.

---

133 L. CHARDON, *La croce di Gesù, cit.*, § 340
134 L. CHARDON, *La croce di Gesù, cit.*, § 528

37. LA VICTORIA

"La Eucaristía indica que la Iglesia y el porvenir del género humano están vinculados a Jesucristo, la única roca que verdaderamente permanece para siempre, y no a cualquier otra realidad. Por ello, la victoria de Cristo es el pueblo cristiano que cree, celebra y vive en el misterio eucarístico"[135].

El pasaje apenas citado no es de Carlo. Es un fragmento de las *Lineamenta* de la XI Asamblea general ordinaria del Sínodo de obispos del 2005 dedicado a la Eucaristía, fuente y culmen de la vida y de la misión de la Iglesia.

Carlo extrajo este pasaje y lo copió en su ordenador subrayándolo como si fuese su lema o un tema sobre el cual reflexionar a menudo. Sus padres han visto en esta elección su testamento espiritual[136].

38. PARA AGRADECER A JESÚS

"Para agradecer a Jesús del gran regalo que hace a los hombres al volverse presente en el sacramento de la Eucaristía"[137].

Así respondía Carlo cuando alguno le preguntaba porque tenía la costumbre de hacer un poco de adoración eucarística antes o después de la misa. Es su padre espiritual, don Ilio Carrai, quien lo recuerda.

---

135   315

136   Cf. 315

137   524

Carlo se prepara para la misa adorando. También después de la misa agradece adorando. La adoración es el homenaje grato y silencioso de nuestra persona, de nuestra inteligencia y de nuestro amor a Dios. Eucaristía significa literalmente acción de gracias, agradecimiento. Con la adoración silenciosa delante de la Eucaristía nuestro ánimo se expande en la alabanza y en el agradecimiento:

> "Su vida y su muerte (de Jesucristo) tienen un objetivo que domina todos los demás: ante todo rendir a Dios el homenaje más completo que pueda recibirse; y después, suscitar en el mundo de las almas que, uniéndose a su pensamiento, a su amor, a su sacrificio, den gloria con él y sean *los adoradores verdaderos adorarán al Padre en espíritu y verdad* (Jn 4, 23). Adorar y formar adoradores"[138].

Quien no adora la Eucaristía es similar a aquel que, después de haber plantado la semilla, no la riega para que germine y crezca más fácilmente.

39. El milagro del burro de Rimini

"Ciertamente el animal había sido inspirado directamente por el Señor para confundir la incredulidad de la mayor parte de

---

138 M.–V. BERNARDOT, *Dall'Eucarisita alla Trinità*, 3ª ed., ESD, Bolonia 2018, 104

los hombres, que seguramente habrían preferido pegarse una buena comilona antes que adorar al Señor"[139].

Carlo comenta con estas palabras el hecho del milagro eucarístico de Rimini ocurrido en la Plaza Grande del foro en 1227. Bonovillo, cátaro, era reticente a creer que en la Comunión fuese realmente el Cuerpo de Cristo y desafió a San Antonio de Padua, que se encontraba predicando allí, con esta propuesta: "Tendré recluido tres días a uno de mis animales y le haré sentir los tormentos del hambre. Después de tres días le llevaré afuera y le mostraré en público el alimento preparado. Tú estarás en frente con eso que crees que es el Cuerpo de Cristo. Si la bestia, descuidando el forraje, se apresura a adorar a su Dios, yo aceptaré la fe de tu Iglesia". San Antonio aceptó el desafío y el día fijado llegó a la Plaza Grande con la Ostia consagrada en el interior de la custodia, mientras Bonovillo llevaba cogida a su mula hambrienta.

San Antonio pidió a la numerosa multitud presente que guardase silencio y clamó: "En virtud y en nombre de tu Creador, que yo, aunque sea indigno la llevo en mis manos, te digo y te ordeno: avanza en seguida y rinde homenaje al Señor con el respeto debido". De golpe, la mula, rechazando el forraje que tenía delante, dobló las patas anteriores delante del Santísimo Sacramento[140].

---

139   541. Cf. GORI, *L'Eucaristia. Biografia di Carlo Acutis*, San Paolo, Cinisello Balsamo 2007, 75

140   Cf. ISTITUTO SAN CLEMENTE, S. MELONI, *I miracoli eucaristici e le radici cristiane dell'Europa*, 3ª ed. ampliada y actualizada, ESD, Bolonia 2014, 38–40

40. El Sagrado Corazón de Jesús es la Eucaristía

"El Sagrado Corazón de Jesús es la Eucaristía"[141]

Es una frase que Carlo repite a menudo –informan ambos padres– y trajo como prueba el milagro eucarístico de Lanciano.

En Lanciano, en la iglesia de San Francisco, se conservan unos fragmentos del milagro. En el siglo VIII un monje sacerdote, nada más pronunció las palabras de la consagración durante la misa, vio el pan volverse carne viva bajo sus ojos y el vino volverse sangre. Con estupor, mostró todo a los presentes. En el 1971 y en el 1981 lo que queda de este hecho fue sometido a repetidos exámenes microscópicos e histológicos. Los fragmentos resultan ser sangre humana del raro grupo AB y carne humana del tejido cardiaco del miocardio. Como documenta ampliamente el doctor Franco Serafini, a estos mismos resultados llegan los análisis histológicos de lo que queda de los milagros de Buenos Aires (1992–1996), de Tixtla (2006) y Legnica (2013)[142].

La Eucaristía nos hace presentes en el acto de amor con el que Jesús se ofrece a sí mismo al Padre. Este acto de amor es la cima de la Caridad. Mediante el Sacramento de la misa los participantes toman parte en este amor. Todo ello es plástica y metafóricamente expresado por el corazón, que tradicionalmente en muchas culturas es la sede de los afectos, el centro de la persona.

---

141 317. Cf. También 525 y 171: "La Eucaristía es el corazón de Cristo", así lo refiere Rajesh Mohur

142 F. SERAFINI, *Un cardiologo visita Gesù. I miracoli eucaristici alla prova della scienza*, 2ª ed. Revisada y corregida, ESD, Bolonia 2019.

La oración de la Iglesia, y en particular las oraciones de la misa por la Solemnidad del Sagrado Corazón de Jesús, se refieren a esta verdad. En la oración sobre las ofrendas se refiere a "la inmensa caridad del Corazón de tu Hijo" y la oración después de la comunión dice: "El Cuerpo y la Sangre de Cristo nos guarden para la vida eterna"[143].

41. QUIEN CRITICA LA IGLESIA SE CRITICA A SÍ MISMO

"Quien critica a la Iglesia se critica a sí mismo"[144].

Es la madre de Carlo la que recuerda esta frase tan penetrante.

La Iglesia es la unidad por la que Jesús reza al Padre: *Padre santo, guárdalos en tu nombre, a los que me has dado, para que sean uno, como nosotros* (Jn 17,11; cf. 17,21–22)[145].

El Nuevo Testamento usa dos metáforas significativas para expresar esta unidad. Somos nosotros los que edificamos el edificio que es la Iglesia como *piedras vivas* (1 Pd 2, 5; cf. Mat 16, 18). Somos nosotros, como *miembros vivientes* (Ef 5, 30; Rm 12, 5; 1 Cor 6, 15) los que formamos el único cuerpo que es la Iglesia.

Si quieres reformar la Iglesia, empieza por reformarte a ti mismo.

---

143   Misal Romano, 129

144   312

145   Cf. Supra, cap. 22

Si quieres una Iglesia más creíble, comienza tú a ser más creyente.

El Nuevo Testamento también nos presenta la Iglesia con otra metáfora: es esposa y es madre. El cardenal Biffi decía de manera punzante:

> "La Iglesia es para todos nosotros una madre digna de venerar, de escuchar, de amar; no una mujer depravada que hay que reconducir al buen camino, no una hija desobediente que los cristianos iluminados deben preocuparse de instruir y guiar con sus opiniones. (...) El que no sabe acoger la sobrenatural belleza de la Iglesia demuestra que no sabe mirarla con los ojos enamorados de Cristo y no puede ser un verdadero mensajero de Cristo porque en realidad está muy alejado de Él"[146].

42. CONFESAR LOS PECADOS

"También los pecados veniales se deben confesar porque de los pecados pequeños se puede llegar a cometer también los mortales, y nuestro mundo está lleno de tentaciones. Es necesario confesarse a menudo para estar en amistad con Dios"[147].

Es Umberto, primo de Carlo, el que informa de esta frase, junto con el detalle de que "Carlo se confesaba casi todas las semanas". Mattia, otro muchacho de su misma edad,

---

146   G. BIFFI, Omelia, mantenida en Bolonia el 2 de junio de 1985

147   229

compañero de juegos en Asís, testimonia que Carlo: "Cada tanto me hablaba de la importancia de comulgar y me decía que fuese a confesarme a menudo"[148].

La confesión frecuente nace de la fe en cuanto se revela en 1 Jn 1, 8–10: *Si decimos que no hemos pecado, nos engañamos y la verdad no está en nosotros. Pero, si confesamos nuestros pecados, él, que es fiel y justo, nos perdonará los pecados y nos limpiará de toda injusticia. Si decimos que no hemos pecado, lo hacemos mentiroso y su palabra no está en nosotros.*

La confesión explícita de las propias culpas es la condición indispensable para poder gozar de la misericordia y del perdón que Jesús da.

43. EL GLOBO AEROSTÁTICO

"El globo aerostático para subir necesita descargarse del peso, así como el alma para elevarse al cielo necesita quitarse los pequeños pesos que son los pecados veniales. Si por casualidad hay un pecado mortal, el alma cae a tierra; la confesión es como el fuego que hace subir el globo al cielo. Hay que confesarse a menudo porque el alma es muy compleja"[149].

"El más pequeño defecto nos tiene anclados a tierra del mismo modo que como sucede con el globo, el cual se sujeta con un hilo a la mano"[150].

---

148 229

149 530

150 321

La primera frase está reproducida en la *Biografía documentada*. Probablemente Carlo la usaba cuando daba catequesis. Los padres recuerdan la segunda frase y omiten su contexto.

Estas máximas revelan cómo de consciente es Carlo del mal causado por el pecado, también el venial: es una culpa que contradice todo lo que Dios me llama a vivir. También es consciente de que la batalla contra el mal se vence en la confesión y en el sincero examen de conciencia en presencia de Jesucristo que es nuestra *luz* (Jn 8, 12).

44. Conversión

"La conversión no es otra cosa que desplazar la mirada desde abajo hacia arriba. Basta un simple movimiento de los ojos". Antonia habla sobre esta frase de Carlo[151]. Cuando se la decía, asumía un tono y una mímica entre gracioso y serio, de una manera simpática y alegre. Tenía la habilidad de comunicar grandes verdades cristianas con simpatía y metáforas expresivas.

"La conversión es dejar de precipitarse hacia abajo y volver a subir a lo alto. Cuanto más abajo hayamos descendido más difícil y cansado será subir. Invertir el rumbo será importante. Paso a paso, día tras día, ir hacia delante sin detenerse nunca. Cuanto más subamos hacia lo alto más veremos las cosas desde una buena perspectiva, en su to-

---

151 Antonia SALZANO – Andrea ACUTIS, *Trasmettere la fede alla scuola di nostro figlio Carlo*, ESD, Bolonia 2023, 48

talidad y entereza. Cuanto más subamos hacia lo alto más entraremos en la atmósfera que circunda la coeternidad. Respiraremos aire de Infinitud".

Para que su conversión fuese sincera y constante, Carlo se había propuesto confesarse frecuentemente, es decir, al menos una vez cada semana.

45. Si supiésemos qué es la Eternidad

"Si los hombres supiesen que es la Eternidad harían de todo para cambiar de vida"[152].

Esta frase es de santa Jacinta de Fátima. Carlo la sabia de memoria y la citaba a menudo.

Carlo está radicalmente convencido de que el éxito en la vida se fundamenta en la fidelidad a la gracia de Dios: "Si la gente se diese cuenta de verdad de la belleza de estar en la gracia de Dios, respetando sus mandamientos, haría de todo para no cometer pecados graves y se afanarían más por ayudar a aquellos que viven lejos de Dios."

Es toda una cuestión de amor: consiguiendo experiencia de la misericordia sin límites que Dios tiene para nosotros, respondemos a este amor divino con nuestro amor, que no será sólo humano, sino humano–divino porque somos hijos adoptivos de Dios, partícipes de su vida divina, siempre por amor y para difundir esta experiencia de alegría, será

---

152 Antonia SALZANO – Andrea ACUTIS, *Trasmettere la fede alla scuola di nostro figlio Carlo*, ESD, Bolonia 2023, 50–51

natural rezar, desear y trabajar para que también nuestros amigos puedan participar.

Esta fue la experiencia de los primeros discípulos de Jesús, Andrés y Juan, narrada en el Evangelio según san Juan, 1, 35–42.

46. AMAR A LOS OTROS

"La felicidad es amar a los otros como Dios nos ama y no dar rienda suelta a nuestros propios deseos egoístas"[153].

La madre, Antonia, recuerda que Carlo decía esta frase a algunos de sus amigos con los que tenía confianza. El "desahogar con los otros los propios deseos egoístas" a los que Carlo se refiere son gestos o propósitos contrarios a la templanza o a la castidad; como el hacer uso de pornografía, el autoerotismo, las relaciones sexuales entre personas sin casar o incluso instrumentalizar el cuerpo del cónyuge sólo por puro desahogo. Carlo intuía que estas actitudes no son amor auténtico, sino formas de falso amor. Algunos le llaman también amor, pero no nos hacen libres, ni felices, dejan tras de sí amargura y desilusión.

Los grandes signos del amor, ese amor auténtico que procede del mismo Dios, se ilustra así: *el fruto del Espíritu es: amor, alegría, paz, paciencia, afabilidad, bondad, lealtad, modestia, dominio de sí* (Gal 5,22–23).

---

153 Antonia SALZANO – Andrea ACUTIS, *Trasmettere la fede alla scuola di nostro figlio Carlo*, ESD, Bolonia 2023, 30

47. Los pecados graves

"Si verdaderamente la gente se diese cuenta del riesgo que se corre contraviniendo a los mandamientos de Dios, prestaría mucha más atención a no cometer pecados graves y se afanaría más en advertir a los propios hermanos que viven de manera poco coherente con el bautismo que han recibido"[154].

Los pecados son ciertamente incumplimientos, es decir, transgresiones de la ley divina. Pero son sobre todo una infidelidad al amor que Dios nos regala, son ingratitud, son falta de generosidad.

Los autores espirituales de los libros bíblicos usan muchos términos para designar al pecado. El aspecto que encuentro más significativo es que, en general, estos términos en su significado primario, literalmente significan "fallar el objetivo", "fracasar"[155]. El pecado es "no dar en el blanco", es extraviarse de los caminos prescritos por Javhé (cf. Dt 13, 6.11; Js 7, 11; Os 6, 7) es decir, no cumplir el objetivo.

---

154   322

155   El verbo hebreo *"nãfal"* y el griego *"piptõ"* tienen a groso modo la misma amplitud de significado y significan caer, precipitar, derrumbar y, por tanto, pecar: cf. W. BAUDER, Πίπτω, en L. COENEN, E. BEYREUTHER, H. BIETENHARD, *Dizionario dei concetti biblici del Nuovo Testamento*, EDB, Bolonia 1991, 185–188. El sustantivo hebreo *kat'at*, que significa falta, *'ãwõn* que significa culpa como desviación voluntaria de la recta vida y *pesh'a* que significa rebelión; constituyen un grupo de conceptos que se traduce con el sustantivo griego *hamartía* que significa literalmente falta, no lograr el objetivo. *Hamartía* y el verbo hamartano derivan de la raíz *hamart–* que significa faltar, fracasar, indica todo que va contra lo recto y lo justo, es decir, lo *orthón*: cf. W. GÜNTER, ἁμαρτάνω, *in Ibidem*, 1229–1234. En fin, para expresar la acción de pecar, usa también *parabaínõ* que literalmente significa salgo del camino, me derrumbo, me desvió. En el Antiguo Testamento se usa en el sentido de desviarse de la Alianza, abandonar a Dios: cf. W. GÜNTER, παραβαίνω, en *IIbidem*, 1235–1237

Mientras que los diez mandamientos me dan a conocer el objetivo, la gracia y el mandamiento nuevo del amor, de *agápe,* no sólo me hacen conocer la meta, sino que me ayudan de manera eficaz a alcanzarla, es decir, a ser perfecto en la caridad como lo es Jesucristo[156].

48. Las manos extendidas de Cristo

"Los sacerdotes son las manos extendidas de Cristo. Deben dar testimonio de ello con entusiasmo y ellos mismos deben ser modelos luminosos y no repetidores automáticos de un rito litúrgico en el que no ponen el corazón y tampoco resplandece su propia fe en Dios"[157].

Es don Ilio Carrai, el director espiritual de Carlo el que recuerda estas palabras. Don Ilio también había notado que Carlo era particularmente sensible en entender si el sacerdote celebraba la Misa de manera devota, y cuando se daba cuenta de que estaba poco inmerso en la celebración eucarística, se entristecía.

"Los sacerdotes son las manos extendidas de Cristo". Expresa la verdad en la que la Iglesia cree, es decir, que el sacerdote al celebrar la misa o los otros sacramentos actúa "in persona Christi capitis", en la persona de Cristo Jefe. Jesucristo es el único y sumo sacerdote de la Nueva y eterna

---

156 Permítanme referirme a G. M. CARBONE, *Morale della legge, La legge senza timore, ESD,* Bolonia 2020, 235–281, donde me centro en el valor del "mandamiento nuevo" y su relación con la persona de Jesucristo y el Espíritu Santo.

157 372

alianza y hace partícipes de su sacerdocio a sus discípulos de dos maneras: en el sacerdocio bautismal o real y en el sacerdocio ministerial que está al servicio del anterior sacerdocio. "El sacerdocio ministerial, por la potestad sagrada de que goza, forma y dirige el pueblo sacerdotal, realiza el sacrificio eucarístico en la persona de Cristo y lo ofrece en nombre de todo el pueblo a Dios"[158].

En el Pequeño Catequismo Eucarístico –en el que Carlo se formó– el padre Roberto Coggi, con gran claridad, resalta que durante la oración de consagración:

> "El sacerdote no dice "Esto es el cuerpo de Jesús" sino que dice "Esto es mi cuerpo", no dice "Esta es la sangre de Jesús", sino que dice "Esta es mi sangre". Esto significa que quien verdaderamente pronuncia estas palabras es Jesús. Es Jesús el que consagra el pan y el vino sirviéndose del sacerdote que, por así decir, le presta sus manos y su boca a Jesús"[159].

49. Jesús y el papa

"Fue claramente Jesús quien instituyó al papa"[160].

Carlo tiene alrededor de 8 años y Sidi Perin, su padrino de confirmación, pone a prueba su preparación en materia

---

158 CONCILIO ECUMÉNICO VATICANO II, *Constitución dogmática sobre la Iglesia, Lumen gentium,* 10 DH 4126. Cf. También 28, DH4153

159 R. COGGI, *Piccolo Catechismo Eucaristico,* 4ª ed., cit., 30

160 353

de fe poniéndole preguntas trampa: "¿Sabes que el papa es un simple obispo como todos los otros?". Carlo a modo de respuesta, cita en seguida el episodio de la confesión de Pedro en Cesarea de Filipo, a la que sigue la misión que Jesús confía a Pedro: "*Ahora yo te digo: tú eres Pedro, y sobre esta piedra edificaré mi Iglesia, y el poder del infierno no la derrotará. Te daré las llaves del reino de los cielos; lo que ates en la tierra quedará atado en los cielos, y lo que desates en la tierra quedará desatado en los cielos* (Mt 16, 18–19). Fue claramente Jesús el que estableció al papa como su capataz. El papa es el vicario de Cristo en la tierra. Si Jesús hubiese querido decir que su sucesor era sólo Pedro, la Iglesia se habría ya acabado. De hecho, ¿quién habría ordenado a los otros obispos y sacerdotes si Jesús no hubiera dado a Pedro el mandato de hacerlo?". Con 8 años Carlo sabe rebatir con argumentos de manera muy eficaz.

50. El corazón de Jesús y el corazón de María

"El corazón de Jesús y el corazón de María están unidos"[161].

Carlo había quedado fascinado por las apariciones del Sagrado Corazón a Santa Margarita María Alacoque. Y le dice así a Rajesh explicándole la importancia de la práctica de los Primeros Viernes de mes al Sagrado Corazón de Jesús y de los Primeros Cinco Sábados del mes al Corazón de María.

---

161 171

La devoción al Sagrado Corazón había hecho madurar en él el amor por Jesús y lo animó a remediar los pecados de indiferencia hacia Dios, de sacrilegio y de ultraje a la Eucaristía. Carlo rezaba e intercedía por estas personas, y buscaba personas disponibles para unirse a él en esta misión de amor y de fidelidad a Cristo. Se consagra oficialmente al Sagrado Corazón en Milán, en la Iglesia de San Fedele, junto a sus padres y a su abuela materna [162].

La reparación es un tema casi desaparecido, olvidado. Sin embargo, es la consecuencia lógica de la caridad: si amo a una persona, contribuiré —en la medida de mis posibilidades— a eliminar todo aquello que estorba no sólo nuestra relación, sino también todo lo que significa infidelidad hacia la voluntad de la persona amada. El amor hacia Dios me anima a remediar mis infidelidades propias y ajenas, porque los otros y yo constituimos un único cuerpo, la Iglesia.

La fe de los discípulos de Jesús se manifiesta también en las oraciones de la Iglesia. La oración colecta de la Misa al Sagrado Corazón de Jesús dice: "Oh Dios, que en el Corazón de tu Hijo, herido por nuestros pecados, has depositado infinitos tesoros de caridad, te pedimos que, al rendirle el homenaje de nuestro amor, le ofrezcamos una cumplida reparación"[163].

---

162 Cf. 318 y 371

163 *Misal Romano*, 3ª ed., Roma 2020, 304

51. Siempre cerca de mi corazón

"Así tendré siempre cerca de mi corazón a Jesús y a María"[164].

Carlo tiene alrededor de cuatro años cuando su madre le entrega una cadenita de oro con una medalla en la que en uno de sus lados está representado el Sagrado Corazón de Jesús y en el otro lado la Virgen María. Era un regalo que su bisabuela le había hecho cuatro años antes, con ocasión de su bautismo.

Carlo se puso muy contento de poder llevar esta medalla y con satisfacción dijo "Así tendré siempre cerca de mi corazón a Jesús y a María".

Revela así su cariño sencillo y sincero hacia Jesús y su Madre, cariño que lo llevaba a dar besos a una figura del Niño Jesús que le habían regalado por Navidad.

52. Si Dios es dueño de nuestro corazón

"Si Dios es dueño de nuestro corazón, entonces nosotros poseeremos el infinito. Quien confía sólo en los bienes materiales y no en el Señor es como si viviese una vida al revés. Es parecido a un conductor que, en vez de ir hacia su destino derecho y directo, viajase siempre en dirección contraria, en sentido opuesto a su meta, corriendo continuamente el riesgo de chocar con alguien"[165].

---

164   296

165   Antonia SALZANO – Andrea ACUTIS, *Trasmettere la fede alla scuola di nostro figlio Carlo*, ESD, Bolonia 2023, 40–41

Dios comienza a tomar posesión de nuestra persona con la fe y el bautismo, con la gracia y con la vida de caridad. Este es el inicio de la vida divina en nosotros. Estamos poseídos por el Infinito y nosotros mismos poseemos, en el sentido de que estamos admitidos a participar en la vida misma de la Trinidad.

La frase de Carlo, recordada por sus padres, parece eco del salmo 16, 5–11: *El Señor es el lote de mi heredad y mi copa, mi suerte está en tu mano: me ha tocado un lote hermoso, me encanta mi heredad. (...) Por eso se me alegra el corazón, se gozan mis entrañas, y mi carne descansa esperanzada. Porque no me abandonarás en la región de los muertos ni dejarás a tu fiel ver la corrupción. Me enseñarás el sendero de la vida, me saciarás de gozo en tu presencia, de alegría perpetua a tu derecha.*

53. NUESTRA META SIN LÍMITE

"Nuestra meta debe estar en el Infinito, no el finito"[166].

Debemos reconocer que Carlo tenía una notable lucidez del sentido de la existencia. Esta lucidez le vino de la fe: Dios creándonos nos llama simultáneamente y, por tanto, nos orienta hacia Sí mismo, es decir, a la vida dichosa de amor y conocimiento sin límites. Esta orientación es como una especie de atracción y fascinación: Dios nos atrae a Sí haciéndonos experimentar su misericordia. La oración personal, la participación en la Eucaristía, la cari-

---

166 Antonia SALZANO – Andrea ACUTIS, *Trasmettere la fede alla scuola di nostro figlio Carlo*, ESD, Bolonia 2023, 47

dad mutua, las obras de las múltiples virtudes, son maneras, complementarias entre ellas, para vivir esta experiencia de la benevolencia de Dios. Ninguno está excluido, aunque muchos se distraen o despistan.

Carlo no se dejó distraer o despistar[167], y respondió a esta llamada tan fascinante.

54. La única mujer de mi vida

"María es la única mujer de mi vida"[168].

Era una frase que Carlo asociaba al encuentro más bonito del día, el rezo del Rosario. De esta forma era como vivía su devoción y entrega a María.

En el 1996 Antonia, Beata y Carlo, que por entonces tiene cinco años, hacen un peregrinaje al santuario del Rosario de Pompeya: en esta ocasión pide poder encomendarse a sí mismo a la virgen. Este fue su primer acto de entrega a la Virgen del Rosario de Pompeya. A lo largo de su vida lo repetirá otras seis veces[169].

En marzo de 1997 Carlo, junto con otros amigos —entre los que están Sidi y Sergio Perin—, se consagra a la Virgen en la iglesia de San Antonio en Milán y se adhiere así a la Compañía de María Reparadora[170]. Como recuerdo de esta

---

167 Lee a continuación en la página X el poema dedicado a la distracción
168 316
169 Cf. 154
170 Cf. 310

consagración recibe una medalla milagrosa con una cinta azul. Carlo la consideraba una de las cosas más preciadas que tenía. Incluso contagió a sus primos de Roma con esta devoción a María: cuando fueron Milán para pasar el fin de año Carlo los invitó a hacer la misma consagración a María en la iglesia de San Antonio.

En la vida de Carlo ciertamente no podía faltar María. Él sabe que María, siendo madre de Cristo y madre nuestra, se preocupa de que cada uno de nosotros estemos en comunión con Jesucristo.

55. ÉL ESCUCHA

"Él escucha y responde, sin embargo es necesario creerle y tener fe en que este diálogo es posible y real"[171].

Es la madre de Carlo quien relata esta expresion de su hijo a propósito de sus oraciones. Él tenía una confianza filial y firme en que Jesús escuchase sus oraciones y sus propios deseos, incluso la petición de admirar un banco de delfines en el mar. Tal como sucedió en Santa Margarita Ligur en agosto de 2006.

Ya no os llamo siervos, porque el siervo no sabe lo que hace su señor: a vosotros os llamo amigos, porque todo lo que he oído a mi Padre os lo he dado a conocer (Jn 15, 15). Esto es verdadero para los primeros discípulos, pero también para los discípulos

---

171   Antonia SALZANO – Andrea ACUTIS, *Trasmettere la fede alla scuola di nostro figlio Carlo*, ESD, Bolonia 2023, 27

de hoy en día. La amistad implica siempre confianza, disponibilidad, empeño de procurar el auténtico bien al amigo y también todos los otros bienes que pueden guiarle. El Amigo desea y obra de manera que su amigo crezca y madure hacia su plenitud de vida.

56. Vengo a contar mis cosas a Jesús

"Vengo a contar mis cosas a Jesús de vez en cuando"[172].

Monseñor Gianfranco Poma se había incorporado hacía muy pocos días a su nueva parroquia, Santa María Secreta en Milán. En la tarde del 2 o 3 de julio del 2000 se percata de un niño que reza de rodillas al Santísimo Sacramento. Tras un momento el párroco se le acerca, le pregunta el nombre y cómo es que estaba allí. Carlo responde: "Vengo a contar mis cosas a Jesús de vez en cuando".

Carlo acababa de cumplir 9 años y ya manifiesta tener mucha fe, tiene plena confianza con Jesús comparable a la que tenemos con hermanos, hermanas o familiares muy cercanos.

Cuando deseamos conseguir la confianza de una persona y después aumentarla, planeamos muchas ocasiones para encontrarnos con ella, conversar y compartir buenos momentos y objetivos elevados que alcanzar juntos. Con su asidua adoración eucarística Carlo nos entrega el secreto de su confianza con Jesús.

---

172 117

57. Si abres tu corazón a Dios

"Dios está aquí para todos. Si abres tu corazón a Él, Él te allanará el camino"[173].

Carlo se dirige así a una amiga suya, Vanessa, que está viviendo el dolor de la separación de sus padres. Y continua con estas palabras: "Aun así, tus padres te querrán siempre, incluso si se han separado porque no se ponían de acuerdo. Si abres tu corazón a Dios y confías en Él, Él te ayudará a encontrar el camino".

Sale otra vez a colación el tema de la confianza en Dios, porque abrir el corazón a alguien significa querer tener confianza con él. También la oración es un acto de confianza en Dios que termina en el abandono filial a su voluntad. *Confía en él y él te ayudará, endereza tus caminos y espera en él* (Eclo 2, 6).

Pero hay también otro aspecto. Lo opuesto, es decir, cerrar el corazón, que significa no amar, ser indiferente sin necesariamente llegar al odio. Por tanto, abrir el corazón significa no sólo confiar, sino también amar a aquel al que se le confía cualquier cosa. La oración, signo de la esperanza teologal, nos conduce al amor hacia Dios como si fuésemos cogidos de la mano.

---

173 172

58. El Señor me hará entender

"El Señor me hará entender"[174].

Al que le preguntaba qué haría de mayor, Carlo con sobriedad y sin excluir ningún camino le respondía: "El Señor me hará entender".

Este es el signo y también el resultado de su oración llena de confianza en Dios. Expresa la certeza firme y filial de su esperanza: ya sabe que Dios no le desilusionará.

Son palabras que no trasmiten ansia, sino profunda serenidad porque: *Vuestra salvación está en convertiros y en tener calma, vuestra fuerza está en confiar y estar tranquilos* (Is 30, 15).

Son palabras que expresan la gran libertad desde el corazón de Carlo, porque sabe que: "Si no piensas ni buscas sino el buen contentamiento de Dios y el provecho del próximo, gozarás de una interior libertad. [175].

59. Rezad mucho por los pecadores

"Rezad mucho por los pecadores. Entre mis compañeros de clase hay quienes están lejos de Jesús"[176].

Carlo tiene diez años y pide oraciones a las Clarisas de monasterio de Vallegloria en Spello, en la provincia de

---

174 119

175 *Imitación de Cristo*, II, 4, 2, cit.

176 264

Perugia. Es una monja de clausura, Luigina Consoli, quien recuerda las palabras de Carlo.

Pero el mismo Carlo estaba acostumbrado a rezar e interceder por los otros: su abuela materna, Luana, recuerda que "tras el telediario, se recogía en oración para pedir por los protagonistas de algunas noticias que había escuchado"[177].

La oración en general y la oración de intercesión en particular son acciones que testimonian la virtud de la esperanza teologal, el deseo de nuestra conversión a Cristo y de la conversión de nuestros amigos, el deseo de la salvación de todos.

La oración de intercesión por los otros nos asimila a Cristo que −como dice la Carta a los hebreos (7, 25)−: *...vive siempre para interceder a nuestro favor. Nos vuelve también parecidos al Espíritu Santo, el cual intercede por nosotros con gemidos inefables. Y el que escruta los corazones sabe cuál es el deseo del Espíritu, y que su intercesión por los santos es según Dios* (Rm 8, 26−27). También es una manera de vivir la comunión de las cosas santas y la caridad fraterna, porque pedimos para los otros el máximo bien posible, la comunión con Dios en su gracia santificante.

La forma más alta y universal de oración de intercesión es la celebración eucarística.

177 271

60. Nuestras oraciones

"Si algún día a estos chavales les ocurriese que, al crecer, se olvidasen del camino que lleva a Dios; el Señor antes o después se acordará de las oraciones que han recitado juntos en familia y los reconducirá al redil"[178].

Cuando tenía alrededor de cuatro años, Carlo tomaba la iniciativa de rezar por la tarde y llamaba a sus padres para rezar con él. Este gesto, hecho con insistencia y simplicidad, anima a los padres a vivir con nuevo impulso y ardor la fe. Carlo deseaba que sus padres rezasen junto a él, pero también que todos los padres rezasen con sus propios hijos. Si se hace con atención, con caridad y sin superficialidad es una manera contagiosa de vivir la fe y de apoyarse mutuamente.

Carlo también destaca otro aspecto importante: los méritos de nuestras oraciones no se pierden nunca. Es la doctrina de la revitalización de los méritos de nuestras acciones virtuosas. El principio del mérito sobrenatural es Cristo y la caridad que nos une a Él. Estando en la gracia de Dios, realizo un acto virtuoso y este acto, debido a mi comunión con Cristo, participa del mérito sobrenatural. Si después –como dice Carlo– "olvido el camino que lleva a Dios", es decir, peco, pierdo la comunión con Cristo y por tanto mortifico el acto virtuoso realizado, pero en presencia de Dios estos actos virtuosos permanecen. Cuando me arrepiento y vuelvo a Dios, Dios hace revivir para mí sus dones que eran mis méritos. Las palabras de la parábola del así llamado hijo pródigo aluden a este aspecto: *Sacad*

---

178   298

enseguida la mejor túnica y vestídsela; ponedle un anillo en la mano y sandalias en los pies (Lc 15,22).

Santo Tomás lo explica así:

"Las obras meritorias (...) permanecen, de suyo, después de ser amortiguadas por el pecado, porque estas obras, una vez realizadas, serán siempre aceptadas por Dios, y los santos se alegrarán de ellas según las palabras del Ap 3,11: Guarda lo que tienes para que otro no te quite tu corona. El que ellas no sean eficaces para conducir a la vida eterna, proviene del pecado posterior, por el que uno se hace indigno de la vida eterna. Pero este impedimento desaparece por la penitencia, ya que con ella se perdonan los pecados. Síguese, por tanto, que las obras anteriormente amortiguadas recuperan, por la penitencia, la eficacia de conducir a la vida eterna a quien las hizo, y esto es lo que significa revivir. Luego queda patente que las obras amortiguadas reviven por la penitencia"[179].

61. Está en el purgatorio

"Un día me dijo Carlo: 'he tenido la clara visión, durante un instante preciso, intenso y verdadero, de mi abuelo Antonio, que pedía oraciones porque se encontraba en el purgatorio'"[180].

---

179   TOMÁS DE AQUINO, *Suma Teológica*, Parte Tercera, q. 89, a. 5, co.
180   185

Así lo testimonia Sidi Perin, el padrino de confirmación.

Carlo estaba muy unido a su abuelo, Antonio Salzano. Pasaban juntos gran parte de los meses de verano en las inmediaciones de Palinuro, hasta que el 29 de abril de 1995 Antonio murió repentinamente de un infarto.

Antonia cuenta la misma historia: "Pocos meses después de la muerte del abuelo, Carlo dijo que lo había visto y le había pedido oraciones porque estaba en el purgatorio, y desde que hizo la Primera Comunión buscaba siempre ocasiones para dedicarle indulgencias y misas a favor de los difuntos"[181].

También don Ilio Carrai escribe: "Me contó que en mayo de 1995 se le había aparecido el abuelo materno que había muerto hace apenas un mes pidiéndole que rezasen por él porque estaba en el purgatorio. Creo que este episodio hizo crecer su devoción hacia las almas de los difuntos por las que a menudo me decía que solía rezar y ofrecer las indulgencias y las misas"[182].

Luana, su abuela materna, testimonia que Carlo "tenía mucha devoción por el purgatorio y ofrecía misas y oraciones por las almas del purgatorio. También les ofrecía su adoración eucarística. Hacía incluso la novena de santa Faustina, siempre para la salvación de las almas del purgatorio. A mí me la hizo hacer dos veces, se me hizo un poco larga"[183].

Los padres cuentan que, en cuanto podía, conseguía indulgencias para las ánimas del purgatorio, le gustaba rezar

---

181   295

182   373

183   271

por ellas, sobre todo por las almas más abandonadas. Para obtener la indulgencia plenaria por los difuntos, cuando estaba en Asís, se dirigía a menudo a Misa en la Iglesia de la Porziuncula, donde la Virgen y los ángeles se habían aparecido a san Francisco[184].

62. HE VISTO A JESÚS

"He visto a Jesús. Me ha sonreído y me ha bendecido"[185].

Una vez más Don Ilio, su director espiritual, escribe en su declaración del 17 de abril del 2007: "Cuando tenía seis años, pocos meses antes de hacer la Primera Comunión, Carlo había visto a Jesús que le había sonreído y le había bendecido. Carlo era un niño profundamente honesto y por esto consideré verosímil su relato, pero no quise darle importancia para evitar que el niño pudiese apegarse demasiado a estas gracias especiales que no son importantes para los fines de la santidad".

"Gracias especiales que no son importantes para los fines de la santidad". Son palabras muy sabias y llenas de discreción. La visión que Carlo recibió como regalo es seguramente algo extremadamente consolador y extraordinario. Don Ilio hace bien en no darle importancia porque –como advierte Luis Chardon, un teólogo experto de estos fenómenos– estas gracias especiales:

---

184 Cf. 316
185 373

"Muy a menudo, en vez de disponer al hombre para la unión con Dios, le impiden avanzar en ella. Más bien, retrasan el encuentro entre Dios y el hombre y habitualmente incluso llegan a obstaculizarlo del todo"[186].

En esta existencia es más decisivo amar a Dios que verlo. De manera lapidaria san Agustín dice: "A Dios no lo ves: ámalo y lo posees"[187].

63. El Rosario

"Recuerdo que el rosario era la oración cotidiana de cada tarde. Cuando hacía la cama por las mañanas, se encontraba el rosario entre las sábanas, ya que se había quedado dormido mientras lo rezaba". Estos son los recuerdos de Beata, la canguro que vivió con él en Milán desde 1994 hasta 1997[188].

"Uno de sus regalos preferidos para los que venían a casa era el rosario". Así lo recuerda[189].

En febrero de 2005, delante de la Gruta de Massabielle, en Lourdes, hizo voto a la Virgen de ser siempre fiel al rezo del rosario.

Contrariamente a lo que podría parecer de primeras, el rosario es una oración simple y compleja a la vez. Simple

---

186   L. CHARDON, *La Croce di Gesù*, cit., § 972; e Ibidem, Introdución, pp. 56–58.

187   AGUSTÍN, *Sermones*, 34, 5, NBA XXIX, 1, 626–627

188   151

189   152

porque lo puedes rezar en cualquier lado; se compone de cinco padrenuestros, cincuenta avemarías y además tener en cuenta algunos pasajes de la vida de Jesús. Difícil porque comporta siempre la meditación atenta de estos misterios. La dificultad podrá disminuir si pones en juego tu memoria y tu imaginación.

64. ¿Todo es igual?

"Es todo igual, es todo igual, ¿qué cambia?"[190].

En verano una pariente había ido a Asís a pasar algunos días con la familia Acutis. Tras unos días, se lamentó de los paseos por los montes diciendo que eran monótonos y que el panorama era siempre el mismo. Desde entonces, cuando alguien no apreciaba el paisaje, la naturaleza o el atardecer, Carlo sonriendo y con tono irónico recodaba a sus padres: "Es todo igual, es todo igual, ¿qué cambia?".

El amor causado por la naturaleza, el estupor por la belleza de lo creado, la maravilla por su majestuosidad eran características constantes de Carlo. También se traducían en el cuidado de lo creado —como las operaciones de limpieza ecológica en el Monte Subasio sacando fragmentos de vidrio y residuos de pícnic—; en la cariñosa atención no sólo hacia sus perros y gatos, sino también por todos los animales.

---

190   302

65. A MÍ NO ME IMPORTA

"Bien, vale, no digas eso. A mí no me importa estar al lado de Andrea porque es un gran amigo mío y quiero ayudarlo"[191].

Carlo responde así a Valentina, maestra en la escuela elemental. Ella lo veía a menudo al lado de Andrea, un compañero de escuela con notables dificultades personales, familiares y escolares. Además, Andrea parecía un poco agobiante. La maestra, sonriendo, le dijo: "Vamos, Carlo, tómate un respiro, aléjate de Andrea". Este, sin embargo, en lugar de pensar en sí mismo, serenamente y con alegría, pensaba en el bien de su amigo.

Gran signo de caridad fraterna, que *todo lo soporta (1 Cor 13,7)* y que nos induce *a llevar los unos las cargas de los otros* (Gal 6,2).

La amistad generosa y servicial de Carlo hacia Andrea continúa también durante toda la primaria. Ondina, una compañera de escuela, recuerda textualmente: "En clase teníamos a un niño con discapacidad mental al que muchas veces se le tomaba el pelo y del que muchos se reían, pero Carlo estaba siempre dispuesto a defenderlo"[192]. Sin hacer ruido, Carlo le paraba los pies al que se metía con Andrea. No toleraba las injusticias y, por tanto, siempre defendía a las víctimas.

---

191   202; cf. 206

192   362. Cf. también el testimonio de otro compañero, Tommaso, 207

66. Voy con gusto a echarte una mano

"¿Cómo estás? ¿Tus nuevos alumnos te desesperan como nosotros? Si me necesitas, dilo. Voy con gusto a echarte una mano"[193].

Carlo, ya en el instituto, se encontraba de vez en cuando a su maestra de primaria, Valentina, a la que siempre saludaba con alegría. Una vez le dijo esta frase. Carlo es consciente de que disfruta todavía de la estima de su exmaestra. Se acuerda —como dice ella misma— de que "ella ponía siempre a su lado, durante las celebraciones religiosas en la escuela, a los compañeros más maleducados; él estaba bien contento de tenerlos cerca" porque "con su recogimiento, con su participación en el canto y en las respuestas, se volvía un ejemplo"[194].

67. De todas formas, hoy no tenía hambre

"De todas formas hoy no tenía hambre"[195].

Carlo es generoso con todos: algunos compañeros suyos de primaria eran un poco abusones y se aprovechaban de él pidiéndole dinero para la merienda. Carlo se lo daba, renunciando a comprársela él. La maestra, Valentina, regañaba a los espabilados y después le decía a Carlo que no

---

193   206
194   203
195   203

hiciese eso. Él, con serenidad defendía a sus compañeros diciendo: "De todas formas, hoy no tenía hambre".

En un niño de siete años tanta generosidad no es habitual. Pero tampoco lo es el hecho de perdonar la astucia de los demás.

68. IR AL ENCUENTRO DEL QUE SE EQUIVOCA

"Los adultos, aunque también se pueden equivocar muchas veces en su vida, a menudo no se dan cuenta. Entonces nosotros, siendo más pequeños, tenemos que ir a su encuentro. Quizás no entiendas estas palabras ahora, pero las entenderás mejor si lees la Biblia"[196].

Es su amiga Vanessa la que nos narra esto que le sucedió con Carlo. Esta lección le fue de gran ayuda para perdonar a su tía. Ir al encuentro significa que el que ama toma la iniciativa, da el primer paso, también para perdonar. Ser más pequeño ayuda, porque el pequeño no tiene prejuicios, no tiene superestructuras que complican las relaciones humanas, es simple.

El vértice del perdón es saber justificar al otro que está equivocado, como hizo Jesús que, refiriéndose a sus verdugos, estando en la cruz dijo: *Padre, perdónalos porque no saben lo que hacen* (Lc 23,34).

---

196 174

69. ÉL ES MUCHO MEJOR QUE YO

"No. Carlo es mucho mejor que yo"[197].

Beata recuerda que en el colegio había otro Carlo con el que era fácil que le compararan. Un día della le dijo a Carlo Acutis: "Si te esforzaras más, podrías ser como Carlo". Él, sereno, respondió: "No. Carlo es mucho mejor que yo".

De esta manera la envidia y los celos se dejan aparte. No es que Beata quisiese estimularlo mediante la envidia, sino simplemente quería que se superase a sí mismo. Carlo, sin embargo, era capaz de reconocer las cualidades y dones de los demás compañeros.

Él vive con la sencillez de un niño tal como se dice en Fil 2,3: *Considerando por la humildad a los demás superiores a vosotros.* Cuando creció, encontró la confirmación de todo esto en la Imitación de Cristo: "No te daña si te pospusieres a todos; mas es muy peligroso si te antepones a sólo uno. Continua paz tiene el humilde; mas en el corazón del soberbio hay saña y desdén muchas veces"[198].

70. HUMILDAD

"Jesús quiso situar la humildad como fundamento de la ascesis cristiana. La humildad es fundamento de otra virtud muy predicada por él: la caridad. La humildad es la virtud que

---

197 153

198 *Imitación de Cristo*, I, 7, 3, cit.

permite vivir en sociedad, que reúne, que convierte. ¿Qué es la humildad? Es reconocer que todo lo que soy viene de Dios. Es reconocer que todo lo bueno que tengo es para Dios. Es reconocer que el mal que tengo proviene de mí. La virtud de la humildad es una virtud propiamente cristiana. Jesús la trajo a la tierra, viviéndola primero. Muchos dicen que Jesús nació pobre, que fue alumbrado en un pesebre... y cosas de este tipo, y por esto nació humilde. Pero no es por eso por lo que Jesús nació humilde. Nació humilde por haber unido la naturaleza humana a la naturaleza divina, que fue el gesto de la más sublime humildad. Gracias a esto pudo decir: *aprended de mí, que soy manso y humilde de corazón* (Mt 11,29)"[199].

La claridad y la profundidad de la fe de Carlo se manifiestan aquí. Para fundamentar la humildad va a la verdad de la unión hipostática, al hecho de que con la Encarnación el Verbo eterno une a sí la naturaleza humana individual.

71. LA LUZ DE LOS DEMÁS

Antonia cuenta que Carlo: "No se comparaba con los demás, no porque se considerase por encima de ellos de forma soberbia, sino porque era simple, modesto, prefería mantener un perfil bajo y no le gustaba presumir. Una vez nos dijo: '¿Por qué tengo que disminuir la luz de los demás para hacer brillar la mía?', expresión que revela

---

199 Antonia SALZANO – Andrea ACUTIS, *Trasmettere la fede alla scuola di nostro figlio Carlo*, ESD, Bolonia 2023, 55–56

lo alejado que estaba de la envidia. En el primer curso de instituto sacó un nueve en un tema. Aquel día tuvo la nota más alta de la clase. Dos de sus compañeros que eran considerados los mejores de la clase, habían tenido una nota muy inferior y lloraban porque Carlo les había superado. Él, aunque estuviese boquiabierto por su reacción, nos dijo que había intentado consolar a esos dos compañeros y les había dicho que él no se lo merecía y que el profesor lo había puntuado de manera excesiva"[200].

72. La tristeza y la felicidad

"La tristeza es la mirada hacia uno mismo y la felicidad es la mirada hacia Dios"[201].

Los padres reconocen que Carlo tenía una gran capacidad para rebajar la tensión incluso en las situaciones más difíciles. No lo escucharon jamás murmurar, ni lamentarse, ni siquiera en los días previos a su muerte. Conseguía siempre ser positivo y optimista y dar esperanza a los demás. Considerando el ejemplo concreto de todos aquellos que se lamentaban porque se consideraban desafortunados, de cuantos se dejaban atrapar por la depresión y la desconfianza, Carlo decía: "La tristeza es la mirada hacia uno mismo y la felicidad es la mirada hacia Dios".

---

200   Antonia SALZANO – Andrea ACUTIS, *Trasmettere la fede alla scuola di nostro figlio Carlo*, ESD, Bolonia 2023, 139–140

201   303, 324

La mirada vuelta hacia Dios no es otra cosa que la fe. Podemos explicar la máxima de Carlo recurriendo a una carta que santa Catalina de Siena escribe a Donna Mitarella:

"¡Oh dulce fe que nos das la vida! Por eso deseo veros en presencia de Dios, sierva fiel, es decir, que seáis en esa fe que trae delicia y gozo al alma. Esta es aquella dulce fe que os conviene tener (...). Si fueseis en esta fe, no caeríais nunca triste. Porque la tristeza no viene de nada sino de la confianza que guardamos en las criaturas que son cosa muerta y caduca que perecen, mientras que nuestro corazón no puede reposar sino en cosa firme y segura. Si ponemos nuestro corazón en las criaturas lo ponemos en cosa que no está nunca quieta: porque hoy el hombre está vivo y mañana muerto. Si queremos tener paz y reposo debemos reposar el alma, por fe y por amor, en Cristo crucificado: entonces encontraremos nuestra alma llena de alegría"[202].

73. Así no se consigue nada

"Piensa en las personas que no tienen nada. Así no se consigue nada. Es mejor hacer la caridad"[203].

Carlo hablaba así a su abuela materna, Luana y ella misma lo testimonia. Era muy austero consigo mismo. No quería que su madre gastase en él y no quería que sus fami-

---

202   *Lettera a Donna Mitarella, n. 31, Le lettere*, vol. 3 ESD, Bolonia 1999, 310–311

203   268

liares desperdiciasen ni comprasen cosas inútiles. Pero no se trataba de renunciar por renunciar, sino de ayudar con ese dinero ahorrado a los pobres que se iba encontrando en el camino. La abuela materna recuerda que "en Asís había vagabundos que dormían en la calle que lleva a *via* Santo Stefano. Él me hacía a mí o a su madre acompañarlo (según la hora) y dejaba junto a ellos un bocadillo o un billete de cinco euros que sacaba de su paga". También Vanessa, su amiga y compañera de juegos en Milán, cuenta: "Cuando salíamos juntos a dar un paseo y él llevaba encima su paga, si veía cualquier pobre se la daba sin quedarse nada para él. Lo hacía también con sus juegos, me daba muchos a mí, que no tenía ninguno. Estaba contento y me los daba con firmeza, por lo que no había nunca un acto de superioridad por su parte o de humillación por la mía. Te hacía sentir como una verdadera amiga suya y él un verdadero amigo mío. Era un chico muy simple, que no pretendía nada, incluso pudiendo permitirse todo"[204].

74. A MÍ ME INTERESA

"A mí me interesa el actividad evangélica que has expuesto"[205].

Estamos en el año 2005–2006 y Carlo cursaba el primer año de Humanidades en el Instituto León XIII de Milán dirigido por los padres jesuitas. Uno de ellos presentó a las

204 173
205 144; cf. 140

nuevas clases la posibilidad de participar en un grupo extraescolar denominado "Comunidad de Vida Cristiana". El padre Gazzaniga, asistente espiritual de León XIII, recuerda que el único estudiante que al final de la presentación se involucró y manifestó un verdadero interés fue Carlo.

No basta hacer la caridad, la caridad se forma de la misma manera en la que la fe se cultiva y se forma. La propuesta de unirse a estos grupos tenía justo ese objetivo: proveer un fundamento a la vida cristiana.

"Conocía casi de memoria el *Catecismo de la Iglesia Católica* y lo explicaba de manera tan brillante que había conseguido entusiasmarme en varias ocasiones respecto a la importancia de los sacramentos"[206] dice Rajesh, originario de las islas Mauricio. Él, que era hindú y provenía de una familia de Brahmanes, reconoce que "fue el mismo Carlo con su entusiasmo, con sus explicaciones y con sus vídeos el que hizo nacer en mí el deseo de volverme cristiano y de pedir el bautismo"[207]. Hablando todavía a propósito del bautismo de Rajesh, Luana recuerda que Carlo deseaba que Rajesh conociese a Jesús, no quería de ningún modo forzarlo porque respetaba su libertad, pero deseaba ardientemente que pidiese el bautismo y cuando lo recibió se puso muy feliz"[208].

---

206   170. También su amigo de Asís, Jacopo, testimonia: "Conocía al dedillo el Catecismo de la Iglesia Católica y yo a menudo preparaba las respuestas al catecismo con él. Me era de mucha ayuda" 256

207   166

208   Cf. 271

75. Que sea menos vanidoso

"Señor, haz que Rajesh sea menos vanidoso"[209].

Es el mismo Rajesh el que lo recuerda. Carlo hizo un cartel con esas palabras escritas "porque estaba muy pegado a las cosas exteriores, a la ropa, etc. Y él quería que no fuese tan dependiente de las esas cosas". Carlo rezaba también para que Rajesh no sólo estuviese menos pegado a las cosas materiales, sino que fuese menos vanidoso.

A Carlo le habían marcado las palabras que Jesús dijo a la beata Alexandria María da Costa (1904–1995) a propósito de la vanidad: "los hombres por el vicio de la vanidad despilfarran riquezas cuando estas podrían saciar el hambre de muchos pobres"[210]. Consideraba una vanidad ir a la discoteca. Sus compañeros de clase lo invitaban, pero él rechazaba la invitación cortésmente. En esto se manifestaba contracorriente. Prefería hacer otras cosas y sobre todo otras cosas mucho mejores.

76. Como todas las casas

"Como todas las casas, tiene una habitación, una cocina, un baño"[211].

---

209   166

210   Cf. G. AMORTH, *Dietro un sorriso, Alessandrina Maria da Costa*, Paoline, Cinisello Balsamo 1992

211   Cf. 305 y 438

Una vez un amigo invitó a almorzar a Carlo a su casa y al regresar Rajesh le preguntó de golpe como era la casa. Este, sonriendo, responde a quemarropa: "Como todas las casas, tiene una habitación, una cocina, un baño"[212]. Así no dio ninguna satisfacción a aquella vana curiosidad. No sólo porque quería que Rajesh se desprendiese y, por tanto, viviese la pobreza de espíritu; sino también porque Carlo era muy discreto y estaba muy lejos de juzgar a las personas –a todas y sobre todo a sus propios amigos– en función de las cosas que poseían.

La curiosidad es una cualidad excelente, manifiesta la inteligencia humana que desea conocer, investigar e indagar centrándose en lo que es necesario, útil, bello o elevado.

Se convierte en falta cuando es un deseo desordenado de conocer cosas inútiles o innecesarias como todo aquello que no nos concierne –por ejemplo la vida privada del prójimo–, o todo aquello que está más allá de nuestros medios habituales de conocimiento –recurriendo a medios ilícitos como el espiritismo, las cartas, los demonios–, o lo que está más allá de nuestra capacidad normal corriendo así el riesgo de equivocarnos gravemente[213].

El estilo de Carlo recuerda las enseñanzas de San Agustín:

"El alma, si se ha propuesto de conservarse casta para Dios, se abstenga del deseo del vano saber"[214].

Y también a las de la *Imitación de Cristo:*

---

212   Cf. 305 y 438

213   Cf. TOMÁS DE AQUINO, *La Suma Teológica*, II–II q. 167, a. 1 co.

214   AGUSTÍN, *I costumi della Chiesa cattolica*, I, 21, 38, NBA XIII/1, 68–69

"No tengas demasiado deseo de saber; porque en ello se halla grande estorbo y engaño (...) y mucho es ignorante el que en otras cosas entiende salvo en las que tocan a la salud (...) Mucha paz tendríamos si en los dichos y hechos ajenos, que no nos pertenecen, no quisiésemos ocuparnos. ¿Cómo puede estar en paz mucho tiempo el que se entremete en cuidados ajenos, y busca ocasiones exteriores, y tarde o nunca se recoge? Bienaventurados los sencillos, porque tendrán mucha paz"[215].

77. Nobles

"Noble de familia se nace, no se elige, no se necesita ningún mérito para serlo. Mientras que ser noble de ánimo sólo se consigue por decisión propia, y es por esto que tendrán muchos méritos en el cielo"[216].

Son los padres de Carlo los que nos cuentan esta anécdota. Él era perfectamente consciente de la fortuna y del bienestar de la familia en la que había nacido e igualmente estaba siempre atento a no humillar nunca a nadie al que ayudase. Al contrario, agradecía a Jesús el hecho de poder compartir su paga con el que era menos afortunado. *Cuanto más grande seas, más debes humillarte, y así alcanzarás el favor del Señor* (Eclo 3,18).

---

215 *Imitación de Cristo*, I, 2, 2, cit.; y I, 11, 1, cit.
216 306

Tomás de Aquino que también provenía de la noble familia de los condes de Aquino[217] apunta: "Para que ninguno se glorie de la sola nobleza de la sangre y de las riquezas de los padres, Cristo eligió para sí padres pobres y aun así perfectos en la virtud. Condujo una vida pobre para enseñar a despreciar las riquezas. Vivió en simplicidad, sin ostentación, con el fin de mantener a los hombres alejados del desordenado afán por los honores"[218].

78. SE LO LLEVO A MIS PADRES

"Gracias, Mirella, se lo llevo a mis padres"[219].

Mirella es una emprendedora de Asís y vecina de la casa de la familia Acutis. En 1998, nada más conocer a Carlo, le regala pan que había hecho en casa. Él toma el pan, lo besa con alegría y con intensidad dice: "Gracias, Mirella, se lo llevo a mis padres".

En su brevedad esta anécdota revela muchos aspectos de Carlo. Su gratitud inmediata y espontánea, su respeto filial por sus padres y su sobriedad y discreción. Porque Mirella —como ella misma admite— no habría imaginado jamás la posición social tan acomodada de la familia de Carlo. *Quien honra a su padre expía sus pecados, y quien respeta a su madre es*

217 Cf. J.–P. TORRELL, *Amico della verità. Vita e opere di Tommaso d'Aquino*, 3ª ed., ESD, Bolonia 2017, 28–32

218 TOMÁS DE AQUINO, *De rationibus fidei*, ed. Leonina, t. XL, Romae 1969, 56

219 242

como quien acumula tesoros (Eclo 3,3–4). *Honra a tu padre con todo tu corazón, y no olvides los dolores de tu madre. Recuerda que ellos te engendraron, ¿qué les darás a cambio de lo que te dieron?* (Eclo 7,27–28).

79. LLAMARÉ A MI PADRE, QUE ENTIENDE DE ESTO

"Llamaré a mi padre, que entiende de estas cosas"[220].

Estando en Asís, en agosto del 2005, dos hermanas de la congregación del Cordero llamaron a la puerta de la casa de los Acutis hacia el final de la mañana –ellas están acostumbradas a pedir pan por las casas–. Carlo les abre la puerta, les hace entrar y dice: "Llamaré a mi padre, que entiende de estas cosas". El padre de Carlo, Andrea, nos cuenta: "Fue Carlo el que no quiso dar sólo pan, sino que quiso invitarlas a almorzar y yo cumplí su deseo"[221].

De este encuentro sor Mariana Martín escribe: "Contamos historias de nuestra vida y Carlo me sorprendió mucho por su capacidad de escuchar, por la alegría, la paz al hablar y su manera de explicar las cosas. Por ejemplo, hablamos del hecho de que habíamos tenido un problema en nuestro ordenador. Él cogió el suyo y comenzó a buscar la solución, cinco minutos después me dio la respuesta y nos resolvió el problema que teníamos desde hace meses".

---

220 378
221 287

Este hecho muestra no sólo la hospitalidad y la disponibilidad constante, si no también el respeto por la autoridad paterna que tenía.

80. CIEGOS E ILUSOS

"Todos nosotros somos unos ilusos porque nada más que nos dicen algo que no nos agrada nos enfadamos de golpe"[222].

La ilusión nace de la soberbia que nos vuelve ciegos delante de nuestros defectos: "Muchas veces también nosotros nos damos cuenta de lo ciegos que estamos interiormente, muchas veces hacemos las cosas mal y peor aún, nos disculpamos. La pasión, el fanatismo nos mueve muchas veces y lo confundimos con celo. Reprochamos a los demás las más mínimas faltas y excusamos las nuestras, aunque sean peores. Pronto nos damos cuenta y nos sentimos de lo que nos hacen los demás, pero no pensamos en lo que sufren los otros por nuestra culpa."[223].

La *Imitación de Cristo* con gran acierto psicológico apunta: "Y muy poco es que sufras siquiera palabras algunas veces; pues aún no puedes sufrir graves azotes. ¿Y por qué tan pequeñas cosas te pasan el corazón, sino porque aún eres carnal, y miras mucho más a los hombres de lo que conviene? Qué porque temes ser despreciado, por eso no quieres ser reprendido de tus faltas, y buscas sombrecillas

---

222   541. Cf. N. GORI, *L'Eucaristia...*, cit., 70
223   *Imitación de Cristo*, II, 5, 1, cit.

de excusaciones. Mas mira mejor, y conocerás que aún vive en ti el amor del mundo, y el vano amor de agradar a los hombres. Porque en huir de ser avergonzado y apocado por tus defectos, se muestra muy claro que no eres verdadero humilde, ni eres del todo muerto al mundo, ni el mundo a ti (Gal 6,14)"[224].

Ciertamente la corrección fraterna es un raro arte que se practica con la máxima caridad fraterna en la presencia de Dios[225]. Y para que sea fructuosa, requiere que quien la reciba sea humilde y simple.

81. SER CORRECTO TIENE SIEMPRE SU RECOMPENSA

"Ser correcto y justo tiene siempre su recompensa"[226].

Es Junio Massimo, primo de Carlo —seis meses más mayor—, el que recuerda esta frase que Carlo repetía a propósito de la pureza y la castidad. Silvia, la madre de un compañero suyo de clase con el que Carlo jugaba a menudo, recuerda: "La castidad para él era verdadera y estaba convencido sin miedo de que había que proponerla y vivirla. No tenía miedo de decir sus convicciones respecto a la pureza y a las relaciones prematrimoniales. Estaba convencido de la importancia de esta incluso en el tiempo

---

224   *Ibidem*, III, 51, 5–8, cit.

225   Para profundizar este arte, remito a G. M. CARBONE, *Ma la più grande di tutte è la carità*, cit., 295–299

226   241

del noviazgo, igual que se oponía al aborto. Recuerdo las discusiones que tenía con mi hijo y sus compañeros en las tardes en las que estaban juntos. No eran convicciones de las que se expresan sólo en público, sino convicciones con raíces en el corazón. Otro testimonio de que estaba convencido de corazón era el hecho de que expresaba sus ideas con firmeza y a la vez con respeto, a veces despreocupado para evitar un tono demasiado serio."[227].

Aunque Carlo fue siempre respetuoso y sereno, nunca remilgado u obstinado[228], estas discusiones le causaban sufrimiento espiritual y amargura. Habló de ello con don Ilio, que recuerda: "Una vez le disgustó mucho que algunos de sus compañeros de escuela se hubiesen mostrado favorables al aborto, a la masturbación o a las relaciones prematrimoniales y me contó que había encontrado mucha dificultad para argumentar que no era bueno comportarse de esa manera. Me pedía a menudo consejo sobre cómo ayudar a sus amigos a obrar coherentemente con el propio bautismo"[229].

Descubriremos más adelante dónde y de quién había encontrado Carlo la capacidad y la constancia de vivir de manera sobria, temperada y casta.

---

227   126

228   Estos rasgos también los recuerdan sus compañeros de escuela y profesores, cf. Declaración de Michele, 131

229   371

82. ¿TEMPLO SANTO O MARIONETAS DE UN TITIRITERO?

"El cuerpo de la mujer es como un templo santo"[230].

Maria Gioia Pennino, hermana de la abuela materna, relata esta frase de Carlo.

También recuerdan los padres: "Él decía que nuestro cuerpo es el templo del Espíritu Santo y daba muchísima importancia a la pureza"[231]. Estas palabras evidentemente son un eco de 1 Cor 6, 15: *Vuestros cuerpos son miembros de Cristo.*

Federico, un compañero de primaria de instituto y amigo cercano, recuerda que para Carlo "la castidad prematrimonial era un valor; aunque tenía claro que comportaba empeño, disciplina y un poco de dificultad. Pero no le parecía que esa dificultad tuviese que costarle mucho, porque el valor del respeto a la chica le parecía demasiado grande para fallarle. Que él tenía valores era evidente. Respecto a la castidad, ya he dicho lo importante que era para él la fidelidad a las enseñanzas de la Iglesia. Nunca dijo ninguna expresión vulgar"[232].

Alessandra, una compañera de instituto y amiga suya, escribe: "Carlo tenía ideas muy claras sobre el hecho de tener una novia, le importaba mucho y pensaba que el respeto por la chica era muy importante. De hecho, regañaba a sus amigas que se entregaban fácilmente a los chicos. Era un chico de grandes valores morales y de sanos principios"[233].

---

230 231

231 231

232 137

233 390

Su madre recuerda: "En más de una ocasión le oí reñir por el teléfono a amigos y amigas que se adelantaban a los acontecimientos teniendo experiencias prematrimoniales. En particular recuerdo que poco antes de morir, todavía durante el verano del 2006, la semana en la que estuvimos alojados en la playa en casa de los abuelos paternos, después de la cena nos sentamos en la terraza a tomar un poco el fresco y recibió la llamada de una amiga. Se levantó y se apartó para no molestar. Pero sin quererlo, se escuchaba toda la conversación. Me llamó la atención como Carlo hablaba sabiamente y reñía a una amiga que había tenido relaciones íntimas con un chico que acababa de conocer en la discoteca. Estuvo una hora explicándole la dignidad de la persona humana y la importancia de mantenerse casta. Como se había hecho tarde (...) al final le dije que cortara la conversación. (...) Después le dije bromeando que ni el padre de la chica debía de haberle dado nunca un sermón así"[234].

La madre y el padre recuerdan que Carlo reprendió en más ocasiones "a amigos que frecuentaban sitios prohibidos, que leían cosas que él definía dañinas o se jactaban de practicar el autoerotismo. A estos amigos les decía que así se volvían parecidos a las marionetas del libro de Pinocho, donde el titiritero las utilizaba para sus espectáculos y después las lanzaba al fuego (era su modo metafórico de ilustrar que fin tienen las almas que no consiguen oponerse a las tentaciones y se dejan llevar por sus vicios y por el mal camino)"[235].

234 311
235 312

83. Aún es pronto

"Aún es pronto"[236].

Valentina —su maestra de primaria que seguía encontrándose con Carlo en los pasillos del instituto— recuerda que "era un chico estupendo, y a veces le pedía que me presentase a su 'novia'. Entonces él se sonrojaba tímidamente y me decía que todavía era pronto. Me gustaba hacerle esta pregunta porque algunos de sus compañeros lo hacían, mientras Carlo mostraba siempre aquel respeto por las chicas, esa serenidad de deber esperar a la "edad adecuada" y del "todavía es pronto" dicho con aquel rubor que revelaba pudor y pureza de corazón. No era tímido ni inhibido, era un chico como todos, en el campo afectivo sereno".

También Rajesh confirma todo esto: "Otra cosa interesante de Carlo era su pureza. No aceptaba que hubiese imagines obscenas en la publicidad. Era un chico puro, fino; pulcro en el lenguaje y en su comportamiento. No le gustaba que a su edad se tuviese una "amiga" porque todavía era pronto. Por esto era muy estimado por sus compañeros y compañeras y él las respetaba mucho. Respetaba siempre mucho a todos[237].

---

236   204

237   169

84. Mi amor verdadero para Jesús

"Mi amor verdadero es para Jesús"[238].

Aquí Carlo revela el secreto de sus afectos, el motivo profundo de su pureza de ánimo. Sus afectos, sus deseos más íntimos eran para Dios y Dios lo hizo fuerte en templanza.

Vanessa nos cuenta:

> "Era muy respetuoso con las chicas. Como ya he dicho nunca tuvo la más mínima expresión vulgar. Era un chico sereno y respetaba tanto a las chicas que se le notaba en su manera de ser y, por tanto, no era posible pensar que pensase mal. También las chicas lo miraban, porque era un chico guapo. Y él no nos esquivaba y ni se iba. Era, lo repito, sereno y emanaba mucha serenidad en sus relaciones con todos y con todas, sin distinción. Me decía que el amor verdadero que él sentía era para Jesús. Lo recuerdo bien: 'Mi amor verdadero es para Jesús'".

Es propio de la virtud cardinal de la templanza y de la castidad, saber esperar y disfrutar el tiempo de la espera.

Carlo descubrió que vivir con espíritu de gratitud el amor hacia Dios y hacia el prójimo es también una garantía para vivir la castidad. Es también lo que nos aconseja santa Catalina de Siena en una de sus cartas:

---

238   175

"Abrid el ojo de vuestra alma y ved cuán grande es el fuego de la caridad de Dios, que os ha sostenido hasta ahora y no ha ordenado a la tierra tragaos ni a las fieras salvajes devoraos. Antes bien, os ha dado la tierra con todos sus frutos, el sol, el calor, la luz, el cielo y su movimiento a fin de que viváis largo tiempo para que os podáis corregir. Todo esto ha sido hecho sólo por amor. Pensad que, si correspondéis a este amor, el alma y vuestro cuerpo, que son ahora como establo, se volverán el templo en el que Dios se holgará de vivir con su gracia. Y después, terminada la vida, recibiréis la eterna visión de Dios, donde habrá vida sin muerte y saciedad sin fastidio. No queráis perder tanto bien por un tan triste deleite"[239].

85. MUERTE DE UN INOCENTE

"El aborto es matar a un inocente"[240].

Durante el primer año de Bachillerato, en el transcurso de una lección, se encendió una discusión entre compañeros de la que muchos se acuerdan. Carlo hizo "una intervención decidida, generosa, una defensa convencida del valor de la vida desde la concepción en el seno materno. (...) Demostró particular amor y determinación al querer convencer a sus

---

239 CATALINA DE SIENA, *Lettera 21, a un destinatario cuyo nombre esconde*, en ID., *Le Lettere*, cit., vol. 3, 498

240 390. Cf. También los testimonios de Silvia, 126; algunos compañeros del instituto: Giovanni M., 189, y Tomás V., 207; Alberto T., compañero de bachillerato, 200; de Mattia P., a propósito del candidato a la presidencia de USA declarado abiertamente abortista, 254

compañeros que delante de la maravilla de la vida naciente no puede haber motivaciones suficientemente válidas para interrumpir el desarrollo de un embarazo". Así lo recuerda Fabrizio, el profesor presente[241].

También Michele, amigo y compañero de Carlo en primaria e instituto, relata un episodio precedente a los años de Bachillerato. Fue otra discusión sobre el aborto: "Él defendía el embrión como un ser humano viviente y por ende hijo de Dios"[242]. Es una afirmación que remite al Sal 139 (138), 13–15: *Tú (Señor) has creado mis entrañas, me has tejido en el seno materno. Te doy gracias porque me has plasmado portentosamente, porque son admirables tus obras (...). Cuando, en lo oculto, me iba formando, y entretejiendo en lo profundo de la tierra.*

Maria Gabriella, la madre de Federico, un amigo de Carlo, recuerda una discusión ocurrida en su casa entre los compañeros de instituto sobre el aborto: "No había oído hablar nunca a Carlo sobre asuntos de fe y la discusión me impactó. Había un chico que afirmaba que las posturas de la Iglesia estaban ya superadas y fuera de la época moderna. Mientras los otros chicos estaban callados, quizás porque era un discurso fuera de su horizonte, Carlo —en una manera que me impactó dada su firmeza y decisión— dijo con claridad que no era justo porque se trataba aun así de un homicidio. Defendió su posición con mucho empeño y hasta el final, sin achantarse o dejar pasar la discusión porque estaba muy encendida. Recuerdo que me dije: "Este chico no es para nada superficial. Tiene bien claros principios y

---

241   392

242   133

valores sobre los que organizar su vida". A aquella edad no me parecía una cosa normal, sino especial. Y concretó que Carlo había hablado con firmeza, pero no sin cabeza"[243].

También Michele, otro amigo y compañero de Carlo, recuerda una discusión entre amigos sobre las parejas del mismo sexo: "Allí su posición fue firme contra las parejas de hecho no fundadas en el matrimonio y, sobre todo, entre las no formadas por hombre y mujer. Donde también mostró su aversión fue hacia la adopción por parte de las parejas homosexuales[244]".

86. INFORMÁTICO

"Informático"[245].

Carlo tiene seis años, lleva una bata blanca y se ha puesto una tarjeta donde dice: "Informático". Uno de sus juegos preferidos era fingir ser un Informático. En realidad, el juego estimulaba su predisposición natural, su talento extraordinario en este campo.

"Si realmente sabes usar un ordenador, debes saber entender los programas, si no quiere decir que eres un simple operador y no un programador"[246]. También esta es una

---

243   163

244   133; también los testimonios de los compañeros de instituto: Giovanni M., 189, y Tommaso V., 207

245   302

246   176

frase pronunciada por Carlo. Vanessa recuerda esta frase de Carlo, que a menudo durante el mediodía, le enseñaba informática.

Carlo es recordado por muchos como "un genio de la informática". Con este propósito Nicola Gori ha preparado un volumen que pone en relieve precisamente esas excelentes cualidades: *Un genio de la informática en el cielo. Biografía del siervo de Dios Carlo Acutis.* [247]

87. Asís

"Asís es el lugar en el que me siento más feliz"[248].

Carlo le dijo estas palabras a don Ilio Carrai la última vez que se vieron en Bolonia: "Me dijo que había conseguido alcanzar resultados muy positivos con la adoración eucarística, me explicó que finalmente había conseguido no distraerse durante la adoración y que gracias a ella su amor por el Señor había crecido mucho. Poco antes de irse se despidió diciendo: "Asís es el lugar en el que me siento más feliz"".

Esto era porque Asís pasaba habitualmente las vacaciones, y también por el ritmo simple y esencial de la vida que llevaba allí. Se divertía nadando en la piscina con sus amigos, Jacopo y Mattia, o andando por el bosque con ellos, con sus padres o con sus perros. Se divertía corriendo por el campo y hacía fotos con la cámara a sus amigos.

---

247 Editado por Libreria Editrice Vaticana, Ciudad del Vaticano 2016

248 371. También los padres confirman que "en Asís se sentía muy feliz": 326

Se dedicaba a la música y en particular a tocar el saxofón.

Subía al Monte Subasio y admiraba aquellos lugares donde estuvo san Francisco, el convento de Rivotorto, Santa María de los Ángeles y San Damián. Una vez a la semana, solo o acompañado, iba a la basílica de san Francisco a rezar. Aquí pasaba mucho rato, se confesaba y después iba rezaba en la tumba del santo, gozando de la paz y de la alegría que fueron también propias de Francisco.

88. FÁTIMA

"Si Francisco que era así de valiente, bueno y simple debía rezar tantos rosarios para ir al cielo, ¿cómo podré merecérmelo también yo que a su lado soy tan pecador?"[249].

En febrero de 2006 la familia Acutis peregrina a Fátima. Todos se habían preparado para el viaje, incluso leyendo el *Diario* de sor Lucia. Llegados al santuario, los recibieron Maria João Marquès y sor Angela Codeluppilo, las cuales les cuentan el significado de las apariciones de la virgen y su contenido, la vida de los tres niños y las apariciones del ángel de Portugal que precedieron a las de la virgen. Cuando llegaron al episodio en el que los tres niños preguntaron a la Virgen si también ellos irían al Cielo, Carlo se mostró muy preocupado por la respuesta que les dieron: Lucía y Jacinta seguramente sí, pero Francisco debería recitar muchos rosarios para poder ir al cielo.

---

249   537

Entonces Carlo respondió a los padres:

"Si Francisco que era así de valiente, bueno y sencillo debía rezar tantos rosarios para ir al cielo, ¿cómo podré merecérmelo también yo que a su lado soy tan pecador?".

Carlo hizo muchas preguntas a sus padres que aumentaron cuando leyó la narración de las visiones del infierno. De todo esto llegó a una resolución: intensificar las oraciones por cuantos corren el riesgo de perder el alma para la eternidad.

89. Infierno

"Si verdaderamente las almas corren el riesgo de perderse, no entiendo porque hoy no se habla casi nunca del infierno"[250].

Carlo tenía bien presente la enseñanza de la Iglesia sobre todo lo nuevo, es decir, sobre las realidades últimas que son la muerte, el juicio, el infierno y el paraíso. Se entusiasmaba, con cualquiera que fuese su interlocutor, cuando empezaba a hablar de Jesús, de los santos y del cielo.

Su pasión de anunciar la salvación lo empuja a realizar la exposición sobre los milagros eucarísticos, terminada esta, empieza a planificar una exposición sobre el infierno, el purgatorio y el paraíso. Habla con sus amigos de estas realidades últimas. Algunos de ellos le toman el pelo porque cree en ellas. Sin embargo, Carlo continúa testimo-

---

250   318 y 529

niando con entusiasmo y serenidad su fe. Es más, planea exposiciones que verán la luz después de su muerte y reza por el que vive en la indiferencia.

Carlo tiene presente la enseñanza de la *Imitación de Cristo:*

"Si de continuo pensases más en tu muerte que en largo vivir, no hay duda sino que te enmendarías con mayor fervor. Si pusieses también ante tu corazón las penas del infierno o del purgatorio, creo yo que muy de gana sufrirías cualquier trabajo y dolor, y no temerías ninguna aspereza. Mas como estas cosas no pasan al corazón, y aún amamos las molicies, por eso nos quedamos muy fríos y perezosos[251]".

90. Peso 70 kilos...

"Peso 70 kilos y estoy destinado a morir"[252].

En julio 2006 Carlo se graba en un vídeo y registra su voz. Saluda y sonríe. Los padres encontraron este vídeo en su ordenador después de su muerte[253].

Carlo podría referirse a la caducidad de la existencia terrestre, a la vanidad del cuerpo humano que, aunque creciese en belleza y vigor, estaba destinado a la muerte. También podría ser un presentimiento de la muerte, que se lo llevaría después de algunos meses.

---

251   *Imitación de Cristo*, I, 21, 5, cit.

252   323

253   Cf. 273–274

Los padres recuerdan que "desde que era pequeño decía que moriría por una vena rota, cosa que en efecto sucedió, porque la causa de su muerte fue una hemorragia cerebral. Cuando enfermó pesaba justo 70 kilos. En el pasado ya había sucedido algún episodio en el que había dicho cosas sin darse cuenta que más tarde se habían cumplido"[254].

"Sabes, no viviré mucho"[255] le dijo a su abuela Luana. "También se las decía a menudo a Rajesh. Son palabras que me han impresionado siempre".

Parecería, por lo tanto, un presentimiento.

El vídeo y estas dos frases no reflejan miedo, sino una gran sensación de serenidad y paz. En la *Imitación de Cristo* que Carlo amaba meditar está escrito:

> "Pues mira que todo es vanidad, sino amar y servir a Dios. Por cierto, los que aman a Dios de todo corazón no temen la muerte ni el tormento, ni el juicio ni el infierno; porque el amor perfecto segura entrada tiene a Dios. Mas quien se deleita en pecar no es maravilla que tema la muerte y el juicio. Mas bueno es que si el amor no nos desvía de lo malo, a lo menos el temor del infierno nos refrene"[256].

La serenidad de Carlo se explica con esta convicción suya: "Yo estoy bien mientras Dios me acompañe todos los días de mi vida. Si Él nos acompaña, estamos siempre bien"[257].

---

254 323

255 269

256 *Imitación de Cristo, I, 24, 17–19*

257 173

En septiembre 2006 la madre de Vanessa estaba planchando en casa de los Acutis cuando Carlo se le acercó y la abrazó. La mujer le preguntó cómo estaba y Carlo le respondió con estas palabras. Ninguno jamás hubiese imaginado que quince días después Carlo fuese llevado de forma urgente al hospital.

91. El Señor me dio un despertador

"El Señor me dio un despertador"[258].

Con estas palabras Carlo reaccionó al diagnóstico que le había sido comunicado unos instantes antes: leucemia fulminante de tipo M3. Su abuela, que estaba presente, recuerda que lo dijo con una serenidad impresionante y su madre que lo dijo sonriendo.

"Mamá, acuérdate que de no voy a salir vivo de aquí"[259].

Carlo ya está ingresado en el hospital San Gerardo de Monza. Lo acompañan sus padres y la abuela materna.

"Abuela, me parece que esta vez no lo voy a conseguir"[260].

La serenidad y la paz con las que Carlo vive estos últimos días son el signo perceptible de que está viviendo la beatitud de la consolación divina: *Bienaventurados los que lloran, porque ellos serán consolados* (Mt 5,4). *Afligidos, pero siempre alegres* escribe san Pablo en 2 Cor 6,10. Carlo está atravesando una enfermedad fulminante y letal, lo sabe perfectamente, y está

---

258   270, 284, 324

259   270; cf. 284; 325

260   223

siendo consolado por Dios. La consolación que recibe no elimina el motivo de su aflicción, pero la vuelve un motivo de beatitud. Su aflicción se transforma: "La ley de la vida cristiana es una ley de transfiguración y no de sustitución"[261].

92. HAY GENTE QUE SUFRE MÁS QUE YO

"Hay gente que sufre más que yo"[262].

Una doctora del hospital de Monza le preguntaba si sufría y Carlo le respondía con una sonrisa: "Hay gente que sufre más que yo". Todas las enfermeras y doctores quedaban atónitos ante su dulzura, les sonreía a todos como si quisiera tranquilizarles. No hacía nada más que pedir perdón a las enfermeras por el duro trabajo que les daba y cuando lo atendían intentaba, con las pocas fuerzas que le quedaban, pasarse solo de la cama a la camilla, todo para aligerarles el trabajo.

Andrea Acutis recuerda así aquellas horas: "Claro que vimos a las enfermeras (del Hospital San Gerardo de Monza) preocupadas, pero yo todavía no conseguía aceptar que se estuviese muriendo. Carlo tuvo un momento de agitación y se disculpó pensando que creaba preocupación con aquella reacción de apenas unos segundos. Por lo demás, lo que me impactaba era la serenidad de mi hijo: ni una queja, a pesar de estar intubado y lleno de agujas"[263].

---

261   G. BARZAGHI, *Lo sguardo della sofferenza, cit.*, 95

262   278 y 324

263   289

Incluso media hora antes de entrar en coma mantuvo su serenidad, así como la voluntad de no ser una carga para los demás. Todos teníamos la impresión de estar delante de un chico especial que no quería mostrar el sufrimiento y no quería molestar. Incluso en estos trances fue capaz de inspirar confianza[264].

93. Voy hacia la paz

"Los caminos del Señor son infinitos. Voy hacia la paz. La felicidad hacia la que voy no es de esta vida"[265].

Vanessa le hubiera gustado visitar a Carlo al hospital, pero dado el cuadro clínico tan grave no fue posible. Por eso, junto a Rajesh, telefoneaba con mucha frecuencia a Antonia, para tener noticias y en estas ocasiones ella decía que Carlo estaba muy sereno y había dicho "Voy hacia la paz".

94. Pasar a la coeternidad

"Aquí abajo no tenemos un hogar fijo, pero lo buscamos. Hemos sido elevados al estado sobrenatural, redimidos y salvados, estamos destinados a la eternidad con Dios, la "co–eternidad". La muerte no es el término de todo. No

---

264   Cf. 326–327
265   173

es el final. No es la ruina. No es la conclusión fatal. Es el pasaje a la co–eternidad. Si nos consideramos de paso en este mundo, si nos comportamos como temporales, si aspiramos a las cosas de allí arriba, si lo fijamos todo en el más allá y basamos la existencia en él; entonces todo se ordena, se equilibra, se orienta, todo pasa a fundamentarse en la esperanza"[266].

Antonia recuerda que Carlo decía estas cosas a sus mejores amigos.

La existencia es un pasaje fugaz. También, la misma muerte lo es. Son dos aspectos de la Pascua, que significa pasaje. Si Eternidad indica una cualidad de Dios, es decir el ser no el tiempo, sino en una vida que no conoce el sucederse del antes y el después, una vida que es plenitud simultanea de alegría y amor; entonces, la co–eternidad indica nuestra participación en esta condición de desbordamiento.

95. ALEJANDRO SAULI

El 1º de enero de 2006, con motivo del sorteo del santo protector del año, Carlo recibe una estampa de san Alejandro Sauli.

El 8 de octubre de 2006, nada más ingresar en la Clínica De Marchi, su madre y su abuela materna fueron a misa en la iglesia que está delante del hospital. Es una iglesia

---

266 Antonia SALZANO – Andrea ACUTIS, *Trasmettere la fede alla scuola di nostro figlio Carlo*, ESD, Bolonia 2023, 34

de los Barnabitas y en ella están conservados los restos mortales de san Alejandro Sauli[267].

San Alejandro Sauli murió el 11 de octubre.

La casualidad no existe. Es, más bien, –como ya hemos visto– "el disfraz elegido por Dios para pasearse en medio de nosotros permaneciendo de incógnito"[268] y no debemos asustarnos con su omnipotente benevolencia.

Estamos todos dentro del plan de la providencia.

96. LE OFREZCO AL SEÑOR

"Le ofrezco al Señor todo mi sufrimiento"[269].

Rajesh se acuerda de estas palabras. Carlo está viviendo sus últimos días en su casa, en Milán. Es el 4 de octubre[270], su situación está empeorando gravemente y él es consciente de ello.

"Ofrezco mi vida por el papa, por la Iglesia, para no pasar por el purgatorio e ir directo al paraíso"[271]. La abuela Luana que informa tanto de la frase de Carlo como de su reacción: "Comenté con un "¡Ay!" como para decir "exagera un poquito"". Los padres también insisten en esta frase en su declaración[272].

---

267   Cf. Declaraciones de Luana Pennino, abuela materna, 279; testimonio de Andrea Acutis, 290

268   G. BIFFI, Homilía..., cit., 13 de junio de 2008

269   167

270   Cf. Testimonio de Antonia Salzano, 283

271   269; cf. 278

272   323

Vivir la vida como ofrenda de uno mismo a Dios y a los hermanos es el culmen del amor.

Todos los hechos de la encarnación redentora de Jesús pueden ser leídos bajo la luz del amor oblativo, es decir, del amor que se convierte en entrega total de uno mismo: *Porque el Hijo del hombre no ha venido a ser servido, sino a servir y dar su vida en rescate por muchos* (Mc 10,45). *Yo soy el Buen Pastor. El buen pastor da su vida por las ovejas* (Jn 10,11; cf. 10, 15.17)[273].

Además, los nombres propios con los que designamos al Espíritu Santo son Amor y Dios[274]. El Espíritu Santo es el amor que procede del Padre y del Verbo como puro y gratuito don. En el discurso de despedida Jesús dice: *Y yo le pediré al Padre que os dé otro Paráclito, que esté siempre con vosotros, el Espíritu de la verdad (...) mora con vosotros y está en vosotros* (Jn 14,16–17). El Espíritu nos es dado para permanecer siempre con nosotros, para habitar en nosotros y comunicarnos la vida de amor sobrenatural, para elevar nuestro amor a amor oblativo, a ofrenda de agradecimiento[275].

Son frecuentes en la liturgia eucarística las oraciones en las que somos invitados a hacer de nuestra existencia una ofrenda agradable a Dios. Como ejemplo recordaré solo dos: "El sacrificio (el de la misa) que te presentamos, oh Padre, en devoto recuerdo de la Madre de tu Hijo, nos transforme, por tu gracia, en ofrenda eternamente a ti agra-

---

273   Sobre la diferencia de uso entre *didōmi (doy, ofrezco)* y *títhēmi (expongo, entrego)*, cf. X. LÉON–DUFOUR, *Lettura dell'Evangelo secondo Giovanni, cit.*, vol. 2, 461–466

274   Cf. TOMÁS DE AQUINO, *La Suma Teológica*, Primera Parte, q. 37 para "Amor" y para "Don"

275   Sobre el aspecto oblativo de la caridad, cf. G. M. CARBONE, *Ma la più grande di tutte è la carità, cit.*, 86–88; 113–114; 124; 376

dable"[276]. También en la oración eucarística III la segunda epíclesis tienen estas palabras: "El Espíritu Santo haga de nosotros una ofrenda eternamente a ti agradable para que podamos obtener el reino prometido con tus elegidos"[277].

97. Cordero

En presencia del cordero se desarrollan algunos de los hechos más importantes de la vida de Carlo.

Un pastel con forma de cordero: para celebrar el bautismo del pequeño Carlo, la madre pide al pastelero de confianza preparar un pastel con forma de cordero. Antonia no es practicante, pero conoce los muchos significados del cordero. Es el cordero del éxodo de Egipto que salva Israel (Ex 12,1–14). Es el ganado menor que se ofrece cotidianamente en el sacrificio del Templo de Jerusalén. Es el Siervo Sufriente profetizado por Is 53,7: *como cordero llevado al matadero, como oveja ante el esquilador, enmudecía y no abría la boca* y realizado en la persona de Jesucristo con su muerte y pasión. Juan Bautista presenta a Jesús a sus discípulos como Cordero de Dios: *Este es el Cordero de Dios, que quita el pecado del mundo* (Jn 1,29). El diácono Felipe reconoce en Jesús el cordero profetizado por Isaías (Hch 8,26–33) tal como hace 1 Pd 1,18–19: *fuisteis liberados (...) con una sangre preciosa, como la de un cordero sin defecto y sin mancha, Cristo.*

---

276 *Messale Romano*, 3ª ed., 2020, Comune della Beata Vergine Maria, 701

277 *Ibidem*, 434

Antonia, con este gesto altamente simbólico, quiere agradecer a Dios el don de Carlo y lo confía, lo entrega a Dios para que sea en Dios instrumento de salvación[278].

Después de algunos meses, los padres regalaron al pequeño Carlo un peluche, un corderito de pelo blanco. Carlo le cogió mucho cariño y lo conservó de mayor porque le recordaba a Jesús"[279].

El 16 de junio de 1998, iban en coche a Perego a celebrar la Primera Comunión en el Monasterio de las monjas eremitas de san Ambrosio. De repente, un corderito blanco atraviesa la carretera cuesta arriba que conduce a la colina. Detrás iban el pastor y otras ovejas. Carlo sonrió al ver a estos animales, pero, sobre todo, al corderito blanco y dijo a sus padres que le parecía un pequeño símbolo mandado por el Señor como regalo.

Al final de su veloz enfermedad, el padre de Carlo lo recuerda así: "Me parecía un cordero que no emite ningún lamento: ni un capricho, ni una queja, solo amabilidad con la gente, desde el personal médico y enfermero hasta todos nosotros. Y todo esto siendo consciente de que se estaba muriendo"[280].

Al final, el Apocalipsis de san Juan, para hablar de Jesús, muerto y ahora gloriosamente resucitado, prefiere usar la imagen del Cordero. Jesús es el cordero que está *de pie* – vivo y resucitado– *como inmolado*– tiene los signos de la pasión–, está *ante el trono de Dios* (Ap 7,17)–, a la derecha

---

278   Cf. N. GORI, *Eucaristia, cit., 28*

279   297

280   290

de Dios Padre y comparte su gloria y omnipotencia. Jesús es el Cordero que recibe la *gloria y alabanza* (Ap 5,6–14) y es el único capaz de abrir los *siete sellos* —es decir, de completar de manera perfecta el diseño universal de salvación. Es el cordero que conduce a los elegidos a las fuentes de aguas vivas (Ap 7,17). Jesús es el Cordero que vence y que conduce a la victoria a los que están con él (Ap 17,14). El Cordero es el tiempo de la Jerusalén Celestial (Ap 21,22), es la *lámpara* que ilumina (Ap 21,23). Desde su trono brota un *río de agua de vida, reluciente como el cristal* (Ap 22,1), que es el Espíritu Santo. El Cordero es el esposo de la ciudad santa de Jerusalén (Ap 21,9–10), es decir, es el amor cumplido que es meta y recompensa de los santos.

Carlo encontró la simbología del cordero más veces en su vida. Ahora está con el Cordero en su verdadera substancia, es decir, participa en las bodas del Cordero inmolado por nosotros desde la creación del mundo.

98. Kit para ser santo

Carlo dio catequesis durante algunos años en su parroquia de Milán. Había propuesto a los niños el objetivo de volverse santos. Para ello, había ideado un kit para volverse santo: "Quiero confiarte algunos de mis secretos más especiales que te ayudarán a alcanzar rápidamente la meta de la santidad. ¡Acuérdate siempre que tú también puedes ser santo! Antes que nada, hay que desearlo con todo el corazón, y si no lo deseas ahora, debes pedirlo con insistencia al Señor.

1) Procura ir todos los días a misa y comulgar.

2) Si puedes, haz algún momento de adoración eucarística delante del sagrario donde está realmente presente Jesús, ¡así verás cómo aumentará rápidamente tu nivel de santidad!

3) Recuerda rezar cada día el Santo Rosario.

4) Léete cada día un fragmento de la Biblia.

5) Si puedes, confiésate todas las semanas, incluso los pecados veniales.

6) Haz a menudo propósitos al Señor y a la Virgen para ayudar a los demás.

7) Pide ayuda a tu ángel de la guarda para que se convierta en tu mejor amigo"[281].

99. FERVIENTE FANTASÍA Y SILENCIO REVELADOR

Reproduzco dos poesías escritas por Carlo.

Ferviente fantasía

Ferviente fantasía
no sé quién serás
sólo no me lleves a la ilusión
de una vida hecha de ficción

---

281 Antonia SALZANO – Andrea ACUTIS, *Trasmettere la fede alla scuola di nostro figlio Carlo*, ESD, Bolonia 2023, 154.155

Silencio revelador

Silencio revelador
como una silbante serpiente
tú, destruyes a la gente
como una sombra aterrorizante,
tú, metes miedo a todo amante;
¡apariencia!
para quien te escucha
eres fresca hierba cortada
que refresca la mente
Y al mismo tiempo no miente.

100. Vana esperanza y mugrienta distracción

Reproduzco otras dos poesías escritas por Carlo.

Vana esperanza

Vana esperanza
Manzana envenenada de agradable apariencia;
quien te ha comido,
como un topo
vaga en las madrigueras aterrado;
rompiendo las cuerdas del arpa
que sostienen la barca;
sobre el agua suspendida
se hunde sin sorpresa.

Sucia distracción

Sucia distracción,
pareces una emoción,
pero ya,
te conozco bien
vives en el bosque
aparentemente encantado,
pero claramente maquillado.
Sólo para evitarte,
porque yo mismo
soy tu cómplice
hay que encallar;
pero después, gran victoria,
parece casi una historia
pero es realidad
ya hecha historia.

Conclusión

Como conclusión me acaba de venir a la cabeza un pasaje de la Carta a los Hebreos: *En consecuencia, rodeados como estamos por tan nube de testigos de la fe, sacudámonos todo lastre y el pecado que se nos pega. Corramos con constancia en la competición que se nos presenta, fijos los ojos en el pionero y consumador de la fe, Jesús; el cual, por la dicha que le esperaba, sobrellevó la cruz, despreciando la ignominia, y está sentado a la derecha del trono de Dios* (Heb 12,1–2).

Teniendo una nube tan grande de testigos: el testimonio de nuestros hermanos en la fe es de importancia capital para nuestro crecimiento en la fe y en la caridad. No sólo son un ejemplo a imitar, porque el cristianismo no es sólo una vida moralmente buena, sino que son nuestros compañeros en la existencia, nuestros intercesores, nuestros guías bajo el único jefe que es Jesucristo, nuestros benefactores porque en la comunión de las cosas santas nos transmiten sus méritos. Carlo quedo fascinado por la vida de muchos testigos, de muchos santos y ahora es él mismo nuestro testigo.

Renunciando a todo lo que nos estorba y al pecado que nos asedia: Por los testimonios de aquellos que lo han conocido, parece que Carlo vivió siempre en la gracia de Dios, es decir, no cometió faltas graves y así nos afirma el hecho de que es posible vivir en sintonía con la voluntad de Dios.

Corramos, con constancia, la carrera que nos toca: La vida de Carlo fue una carrera, rápida y breve, pero alcanzó la meta que deseaba.

Teniendo fija la mirada en Jesús, que suscita la fe y la lleva a su plenitud: Carlo −como hemos visto repetidamente− siempre deseó y vivió la comunión con Jesús, de muchas maneras, en la oración más simple, en la meditación silenciosa, en la Eucaristía, en las amistades fraternas. Jesucristo lo agarró con fuerza y Carlo se dejó conquistar.

Anotaciones/itinerarios de fe

Botta M., *Il tormento e l'estasi. La fede alla prova del dolore*

Acutis C. – Carbone G.m., *Originali o fotocopie? «Tutti nasciamo come degli originali, ma molti di noi muoiono come fotocopie», 2a ed.*

Filippini G., *Le confessioni della luna*

Biffi G., *Il fascino del sacerdozio. Una gioia tribolata*

Spiezio A., *Senza prezzo. La gratuità nell'amicizia. Un cammino per i giovani, insegnanti ed educatori*

Biffi G., *Il quinto evangelo, 12a ed. ampliata*

Salzano A. – Acutis A., *Trasmettere la fede alla scuola di nostro figlio Carlo Acutis*

Botta M., *Famiglia... basta la parola? Viaggio inusuale tra affetti e legami familiari*

Calandrino G., *Gli ultimi giorni di Fetonte quinto pianeta del sistema solare*

Botta M., *Le domande piccole dei grandi. Vivere la fede oltre i luoghi comuni*

Biffi G., *La festa della fatica umana. Omelie del Primo Maggio*

Botta M., *Ritorna il Re. La libertà del vero e la dittatura del Politically Correct*

Biffi G., *Stillicome rugiada il mio dire. Omelie del Tempo Ordinario Anno B, 2a ed.*

Barzaghi G., *La Somma Teologica di san Tommaso d'Aquino in un soffio, 2a ed.*

Biffi G., *Stillicome rugiada il mio dire. Omelie del Tempo Ordinario Anno A, 2a ed.*

Testi A., *Giacomo Biffi. L'altro Cardinale*

BOTTA M., *Nasi lunghi gambe corte. Viaggio tra pulsioni e sentimenti di ogni tempo*

FORTINI V., *Santi, insieme nell'amore. Riflessioni per la famiglia*

PEDERZINI N., *Voglia di paradiso, 7a ed.*

BOTTA M., *Uomini e donne*

BERNADOT V.–M., *Dall'Eucaristia alla Trinità, 3a ed*

PEDERZINI N., *Il sorriso*

CAFFARRA C., *Prediche corte tagliatelle lunghe. Spunti per l'anima*

BOTTA M., *Sto benissimo. Soffro molto. La Chiesa e le passion*

BIFFI G., *Spiragli su Gesù*

EDERZINI N., *Coraggio! Come alimentare e condividere la speranza*

MAZZONI T., *Il bello della vita. Di carrube, briciole e banchetto nuziale*

BOTTA M., *Sceglierà lui da grande. La fede nuoce gravemente alla salute*